Happy Chinese 5
중국어 교실

Happy Chinese
중국어 교실 초급 5

지은이 한민이
펴낸이 안용백
펴낸곳 (주)넥서스

초판 1쇄 발행 2007년 9월 25일
초판 4쇄 발행 2016년 9월 20일

출판신고 1992년 4월 3일 제311-2002-2호
10880 경기도 파주시 지목로 5
Tel (02)330-5500 Fax (02)330-5555

ISBN 978-89-5795-133-0 94720
978-89-5795-135-4 (세트)

가격은 뒤표지에 있습니다.
잘못 만들어진 책은 구입처에서 바꾸어 드립니다.

www.nexusbook.com
넥서스CHINESE는 (주)넥서스의 중국어 전문 브랜드입니다.

Happy Chinese 5

중국어 교실

한민이 지음

넥서스CHINESE

머리말

중국어 학습의 가장 정확하고 빠른 '지름길' 이 여기 있습니다!

중국어와 친구 되기를 희망하는 여러분을 진심으로 환영합니다.
중국어 첫 수업, 마치 첫 데이트를 하던 때와 비슷한 가슴 벅참과 설렘이 느껴지던 순간이었습니다.

이제부터 배워갈 중국어는 순간순간 여러분에게 주는 희열도 만만치 않겠지만, 때론 여러분을 속상하게 할지도 모릅니다. 저도 예전엔 맘고생 많이 했거든요. 그래서 "에라 모르겠다!" 하고 포기하려고도 했었습니다. 그 · 러 · 나 그동안 공부했던 시간과 학원비로 날린 돈이 아까워 오기로 버티다 보니 어느새 중국어가 없으면 숨을 쉬어도 살아 있는 것이 아니요, 밥을 먹어도 배가 부르지 않는 중국어 중독자가 되고 말았습니다.

여러분도 이 교재를 만난 이상 '저' 처럼 그렇게 되실 거라고 믿습니다. 이 책에는 말이죠, '저' 의 중국어 사랑이 듬뿍 담겨 있습니다. 세상의 모든 부모님은 이렇게 말씀하십니다. '내 새끼만큼은 고생시키고 싶지 않아요.' 저 역시 저의 중국어 후배이신 여러분들은 제가 했던 고생을 안 했으면 하는 마음에서, 그 옛날의 시행착오를 거울삼아 이 책 구석구석을 채웠습니다.

어떻게 채웠는지 말해달라고요? 여러분께서 만약 열정과 좌절 사이를 넘나들며 〈중국어교실 1-10〉까지 모두 끝내신다면 어느새 중국어 실력이 몰라보게 향상된 자신을 발견하게 될 것입니다.

어학에는 '왕도' 란 없습니다. 그러나 어떤 방법을 택하느냐에 따라 '지름길' 은 찾을 수 있습니다. 여러분은 이 책에서 중국어 학습의 '지름길' 을 발견하실 수 있으리라 믿습니다. 이제 중국어를 시작하는 여러분에게 '중국어 학습의 든든한 동반자' 가 되겠습니다.

모쪼록 중국어와 마음이 '통(通)' 해 끝까지 함께하는 여러분이 되셨으면 하는 마음입니다.

2007년 한민이

이 책의 구성

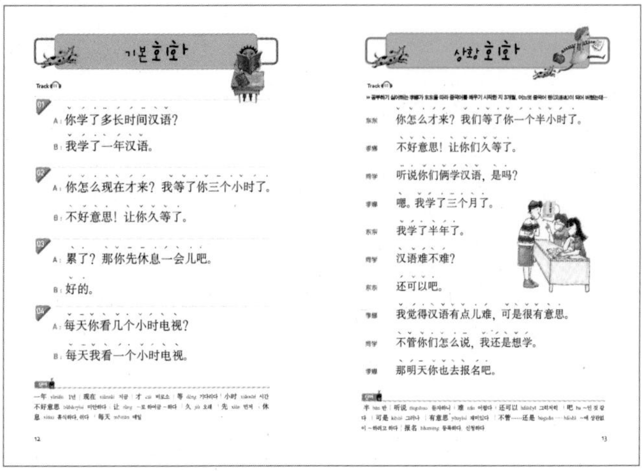

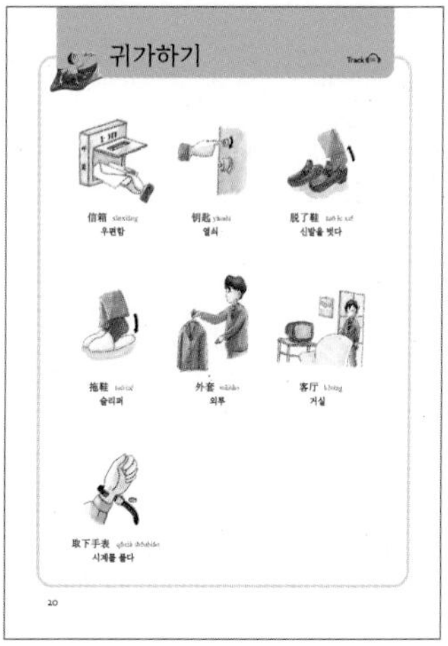

기본회화

이번 과에서 배울 회화와 어법을 간단한 회화로 맛을 봅니다. 단문으로 외우지 말고 꼭 A,B 짝으로 외우세요.

상황회화

다섯 명의 주인공들이 펼치는 드라마 스토리. 학교에서 벌어지는 일들과 회사 생활에서 벌어지는 일들이 한 편의 드라마로 펼쳐집니다. 자~ 우리 주변에서 일어나는 일들을 중국어로 어떻게 표현하는지 코믹한 삽화와 함께 드라마로 감상해 볼까요?회화는 꼭 소리 내어 5번씩 읽으세요. 어법까지 해결됩니다.

Chinese Dictionary

테마별로 중국어 단어를 모았어요. 앞으로 배울 과에서 필요한 내용들이니 주의해서 보세요~

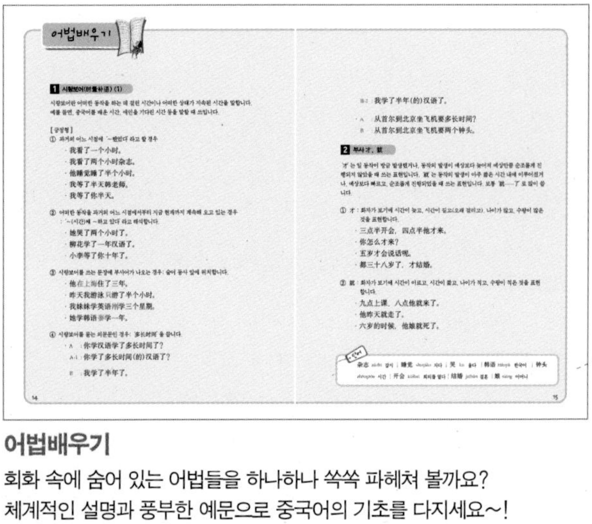

어법배우기

회화 속에 숨어 있는 어법들을 하나하나 쏙쏙 파헤쳐 볼까요?
체계적인 설명과 풍부한 예문으로 중국어의 기초를 다지세요~!

HSK 유형의 연습문제로 복습 시작!

자 ~ 앞에서 배운 기본회화와 상황회화, 그리고 어법을 가지고 본격적인 확인학습으로 들어 갈까요?

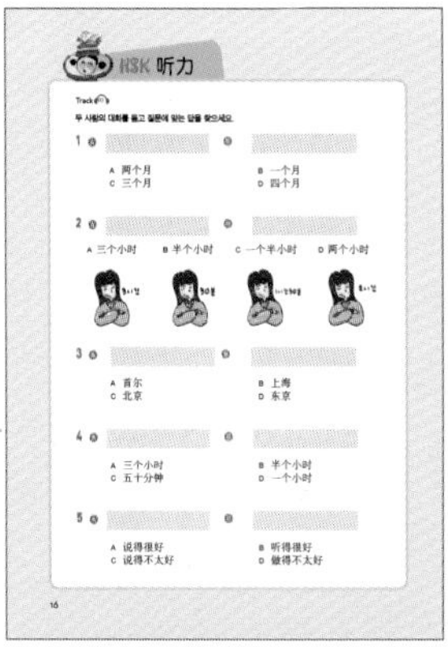

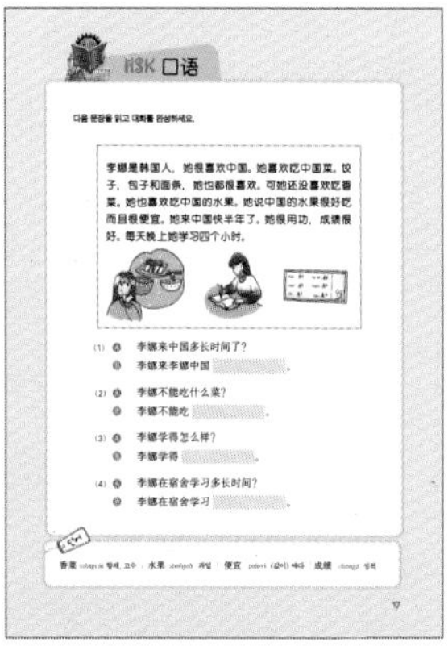

HSK 听力

듣기 문제입니다. 녹음을 잘 듣고 물음에 답해 보세요. 책을 보고 이해하는 것과 귀로만 듣는 중국어는 차원이 다릅니다. 절대~ 컨닝하지 마세요!

HSK 口语

말하기 문제입니다. 앞에서 배웠던 회화인데 입으로 떨어지지 않는다고요? 반복 연습!!! 이미 다 배운 내용이니 겁먹지 마세요~!

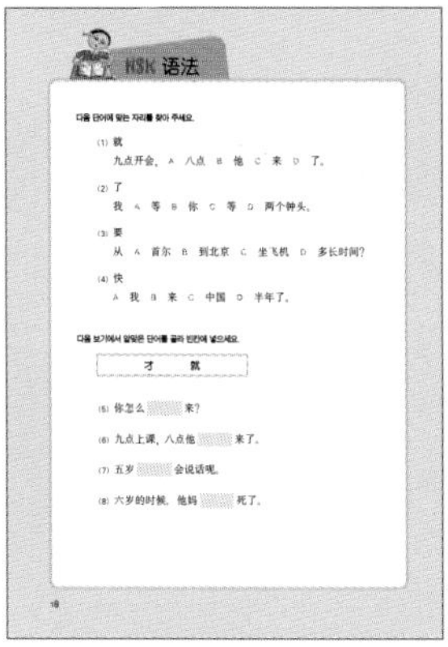

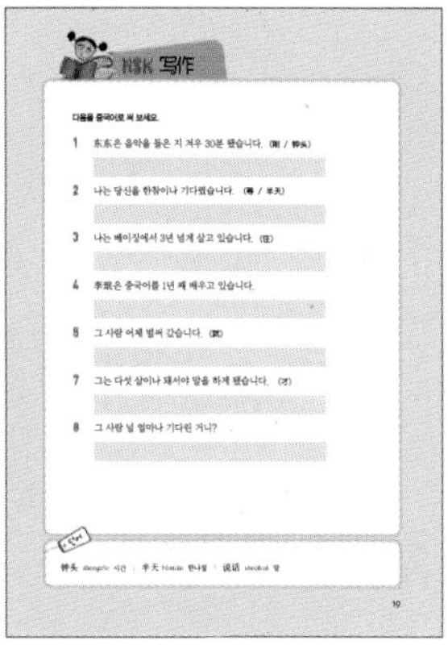

HSK 语法

어법 문제입니다. 주로 〈어법배우기〉에서 다뤘던 내용이나 수업 중에 선생님이 강조하셨던 내용을 위주로 공부하면 어법은 그리 어렵지 않답니다.

HSK 写作

앞에서 배웠던 내용을 쓰기로 총체적으로 점검합니다. 보고 쓰고를 되풀이해도 아련한 기억 속의 그대처럼 어렴풋하니 틀린 문제는 읽고 쓰고를 여러 번 반복하세요!

Travel in Hongkong & Macau

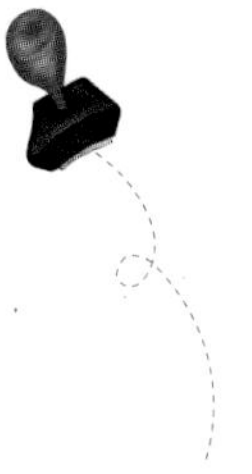

홍콩과 마카오로 여행을 떠나요~~~

홍콩과 마카오의 볼거리, 먹거리, 기념품 쇼핑 등 홍콩과 마카오의 구석구석을 찾아가 봅니다.
가보지 않아도 홍콩과 마카오가 한눈에 쏙!!!

주인공 프로필

이민

대학을 졸업하고 대기업에 우수한 성적으로 입사한 인재. 두뇌는 명석하고 예의가 바르지만 가끔 눈치가 없다. 제대로 된 연애도 한 번 못 해 본 바른생활 사나이...

김소영

기획실에서 근무하는 커리어우먼. 당차고 활발하나 지나치게 솔직해 가끔 상대방을 무안하게 한다. 신입사원 이민에게 첫눈에 반해 대시하려 하는데...음~ 이민보다 나이가 많다.

왕명

화교지만 중국어를 잘 못하는 바람의 사나이. 거래처 직원으로 앞으로 이민, 김소영과 함께 일을 한다.

이나

이민의 여동생. 21살의 발랄한 대학생이다. 철부지 막내로 패션과 여행에는 관심이 많으나 공부에는 관심이 없다.

동동

이나와는 둘도 없는 소꿉친구. 키가 작고 뚱뚱해 둔해 보이지만 알고 보면 귀여운 남자!!!

차례

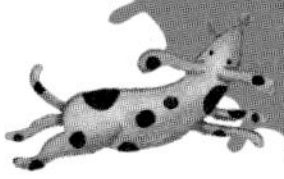

PART 01 我学了一年汉语了。 나는 중국어를 1년째 배우고 있습니다. 11
■ 귀가하기

PART 02 你们是不是吵架了? 당신들 싸웠습니까? 21
■ 음식 만들기
Travel in Hongkong 1 30

PART 03 你们考完了吗? 너네 시험 끝났니? 33
■ 차 마시기

PART 04 你们吃饱了吗? 배불리 먹었어요? 43
■ TV 시청하기
Travel in Hongkong 2 52

PART 05 你快回来吧! 빨리 돌아오세요! 55
■ 설거지하기

PART 06 你快说出来呀! 빨리 말하라니깐!! 65
■ 독서하기
Travel in Hongkong 3 74

PART 07 听得懂吗? 알아들을 수 있어요? 77
■ 개 돌보기

PART 08 现在去来得及吧? 지금 가도 안 늦겠죠? 87
Travel in Macau 4 96

PART 01

我学了一年汉语了。

나는 중국어를 1년째 배우고 있습니다.

학습목표

1 친구를 기다린다거나 외국어를 배울 때처럼, 우리가 어떠한 동작을 하는 데 걸린 시간이나 어떠한 상태가 지속된 시간을 나타내는 '시량보어(时量补语)'에 대해 알아봅니다.
2 중국어에서 많이 쓰는 부사 '才'와 '就'에 대해 알아봅니다.

기본회화

Track 01

01

A: 你学了多长时间汉语?

B: 我学了一年汉语。

02

A: 你怎么现在才来? 我等了你三个小时了。

B: 不好意思! 让你久等了。

03

A: 累了? 那你先休息一会儿吧。

B: 好的。

04

A: 每天你看几个小时电视?

B: 每天我看一个小时电视。

단어

一年 yìnián 1년 | 现在 xiànzài 지금 | 才 cái 비로소 | 等 děng 기다리다 | 小时 xiǎoshí 시간
不好意思 bùhǎoyìsi 미안하다 | 让 ràng ~로 하여금 ~하게 하다 | 久 jiǔ 오래 | 先 xiān 먼저 |
休息 xiūxi 휴식하다, 쉬다 | 每天 měitiān 매일

상황회화

Track 02

▸▸ 공부하기 싫어하는 李娜가 东东을 따라 중국어를 배우기 시작한 지 3개월, 어느덧 중국어 팬(汉语迷)이 되어 버렸는데…

东东　你怎么才来？我们等了你一个半小时了。

李娜　不好意思！让你们久等了。

同学　听说你们俩学汉语，是吗？

李娜　嗯。我学了三个月了。

东东　我学了半年了。

同学　汉语难不难？

东东　还可以吧。

李娜　我觉得汉语有点儿难，可是很有意思。

同学　不管你们怎么说，我还是想学。

李娜　那明天你也去报名吧。

단어

半 bàn 반 | 听说 tīngshuō 듣자 하니 | 难 nán 어렵다 | 还可以 háikěyǐ 그럭저럭 | 吧 ba ~인 것 같다 | 可是 kěshì 그러나 | 有意思 yǒuyìsi 재미있다 | 不管…还是… bùguǎn…háishì… ~에 상관없이 ~하려고 하다 | 报名 bàomíng 등록하다, 신청하다

어법배우기

1 시량보어(时量补语) (1)

시량보어란 어떠한 동작을 하는 데 걸린 시간이나 어떠한 상태가 지속된 시간을 말합니다.
예를 들면, 중국어를 배운 시간, 애인을 기다린 시간 등을 말할 때 쓰입니다.

[긍정형]

① 과거의 어느 시점에 '~했었다' 라고 할 경우

· 我看了一个小时。
· 我看了两个小时杂志。
· 他睡觉睡了半个小时。
· 我等了半天韩老师。
· 我等了你半天。

② 어떠한 동작을 과거의 어느 시점에서부터 지금 현재까지 계속해 오고 있는 경우
: '~(시간)째 ~하고 있다' 라고 해석합니다.

· 她哭了两个小时了。
· 李娜学了一年汉语了。
· 小李等了你十年了。

③ 시량보어를 쓰는 문장에 부사어가 나오는 경우: 술어 동사 앞에 위치합니다.

· 他在上海住了三年。
· 昨天我游泳只游了半个小时。
· 我妹妹学英语刚学三个星期。
· 她学韩语要学一年。

④ 시량보어를 묻는 의문문인 경우: '多长时间' 을 씁니다.

· A : 你学汉语学了多长时间了?
A-1 : 你学了多长时间(的)汉语了?
B : 我学了半年了。

B-1 : 我学了半年(的)汉语了。

· A : 从首尔到北京坐飞机要多长时间?

B : 从首尔到北京坐飞机要两个钟头。

2 부사 才, 就

'才' 는 동작이 방금 발생했거나, 동작의 발생이 예상보다 늦어져 예상만큼 순조롭게 진행되지 않았을 때 쓰는 표현입니다. '就' 는 동작의 발생이 아주 짧은 시간 내에 이루어졌거나, 예상보다 빠르고, 순조롭게 진행되었을 때 쓰는 표현입니다. 보통 '就……了' 로 많이 씁니다.

① 才 : 화자가 보기에 시간이 늦고, 시간이 길고(오래 걸리고), 나이가 많고, 수량이 많은 것을 표현합니다.

· 三点半开会，四点半他才来。

· 你怎么才来?

· 五岁才会说话呢。

· 都三十八岁了，才结婚。

② 就 : 화자가 보기에 시간이 이르고, 시간이 짧고, 나이가 적고, 수량이 적은 것을 표현합니다.

· 九点上课，八点他就来了。

· 他昨天就走了。

· 六岁的时候，他娘就死了。

단어

杂志 zázhì 잡지 | 睡觉 shuìjiào 자다 | 哭 kū 울다 | 韩语 Hányǔ 한국어 | 钟头 zhōngtóu 시간 | 开会 kāihuì 회의를 열다 | 结婚 jiéhūn 결혼 | 娘 niáng 어머니

HSK 听力

Track 03

두 사람의 대화를 듣고 질문에 맞는 답을 찾으세요.

1 Ⓐ Ⓑ

A 两个月　　B 一个月
C 三个月　　D 四个月

2 Ⓐ Ⓑ

A 三个小时　　B 半个小时　　C 一个半小时　　D 两个小时

3 Ⓐ Ⓑ

A 首尔　　B 上海
C 北京　　D 东京

4 Ⓐ Ⓑ

A 三个小时　　B 半个小时
C 五十分钟　　D 一个小时

5 Ⓐ Ⓑ

A 说得很好　　B 听得很好
C 说得不太好　　D 做得不太好

HSK 口语

다음 문장을 읽고 대화를 완성하세요.

李娜是韩国人，她很喜欢中国。她喜欢吃中国菜。饺子、包子和面条，她也都很喜欢。可她还没喜欢吃香菜。她也喜欢吃中国的水果。她说中国的水果很好吃而且很便宜。她来中国快半年了。她很用功，成绩很好。每天晚上她学习四个小时。

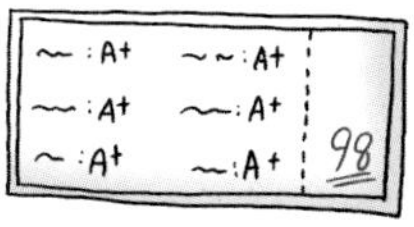

(1) Ⓐ 李娜来中国多长时间了？

Ⓑ 李娜来中国 ______。

(2) Ⓐ 李娜不能吃什么菜？

Ⓑ 李娜不能吃 ______。

(3) Ⓐ 李娜学得怎么样？

Ⓑ 李娜学得 ______。

(4) Ⓐ 李娜每天晚上学习多长时间？

Ⓑ 李娜每天晚上学习 ______。

단어

香菜 xiāngcài 향채, 고수 | 水果 shuǐguǒ 과일 | 便宜 piányi (값이) 싸다 | 成绩 chéngjì 성적

HSK 语法

다음 단어에 맞는 자리를 찾아 주세요.

(1) 就

九点开会，A 八点 B 他 C 来 D 了。

(2) 了

我 A 等 B 你 C 等 D 两个钟头。

(3) 要

从 A 首尔 B 到北京 C 坐飞机 D 多长时间？

(4) 快

A 我 B 来 C 中国 D 半年了。

다음 보기에서 알맞은 단어를 골라 빈칸에 넣으세요.

才	就

(5) 你怎么 ______ 来？

(6) 八点上课，七点他 ______ 来了。

(7) 五岁 ______ 会说话呢。

(8) 六岁的时候，他妈 ______ 死了。

HSK 写作

다음을 중국어로 써 보세요.

1 东东은 음악을 들은 지 겨우 30분 됐습니다. (刚 / 钟头)

2 나는 당신을 한참이나 기다렸습니다. (等 / 半天)

3 나는 베이징에서 3년 넘게 살고 있습니다. (住)

4 李珉은 중국어를 1년 째 배우고 있습니다.

5 그녀는 한국어를 1년 동안 배우려 합니다. (要)

6 그 사람 어제 벌써 갔습니다. (就)

7 그는 다섯 살이나 돼서야 말을 하게 됐습니다. (才)

8 그 사람 널 얼마나 기다린 거니?

단어

钟头 zhōngtóu 시간 | 半天 bàntiān 한나절 | 说话 shuōhuà 말을 하다

귀가하기

Track 04

信箱 xìnxiāng
우편함

钥匙 yàoshi
열쇠

脱鞋 tuō xié
신발을 벗다

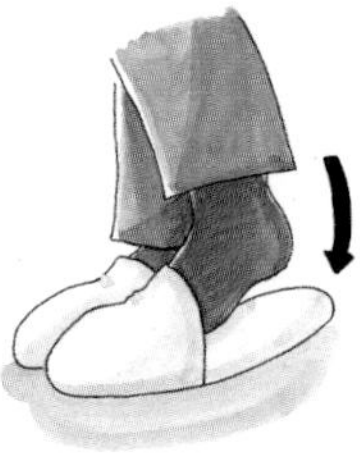

拖鞋 tuōxié
슬리퍼

外套 wàitào
외투

客厅 kètīng
거실

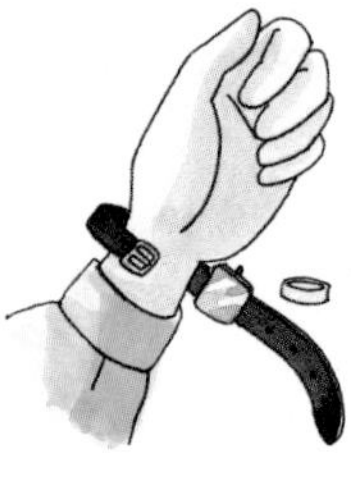

摘手表 zhāi shǒubiǎo
시계를 풀다

PART 02

你们是不是吵架了？

당신들 싸웠습니까?

학습목표

1 어떤 동작이 완료된 시점부터 시간을 계산해 나가는 비지속성 동사(结束性动词)로 시간보어를 표현하는 방법을 알아봅니다.
2 일상회화에서 많이 쓰는 시량보어의 특수한 표현에 대해 알아봅니다.

기본회화

Track 05

01

A : 你大学毕业几年了?

B : 我大学毕业快五年了。

02

A : 你们结婚多长时间了?

B : 我们结婚一年半了。

03

A : 他几天没回家?

B : 他三天没回家。

04

A : 你们公司每年春节放几天假?

B : 我们公司每年春节放十天假。

단어

大学 dàxué 대학 | 毕业 bìyè 졸업하다 | 快…了 kuài…le 곧 ~하려고 하다 | 每年 měinián 매년 | 春节 chūnjié 설 | 放假 fàngjià 방학하다, 휴가 주다

상황회화

Track 06

▸▸ 주말 오후… 집에서 꼼짝 않고 있는 李珉을 李娜가 놀리는데…

李娜　哥，你不去见小英姐呀？你们是不是吵架了？

李珉　吵什么架？我们从来没吵过架。

李娜　是吗？不会吧。

李珉　你这个小丫头走开… 别烦我了。

李娜　哥，如果你们俩结婚，像我爸妈那样恩恩爱爱就好了。

李珉　啊，对了！爸爸妈妈结婚快三十年了吧？

李娜　后天不是他们的结婚纪念日吗？

李珉　我们应该给他们送点儿礼物。

李娜　那我们俩明天下午去买，怎么样？

李珉　好的。好的。

단어

吵架 chǎojià 말다툼하다 | 不会吧 búhuì ba 그럴 리가 | 小丫头 xiǎo yātóu 계집애 | 走开 zǒukāi 비켜요 (开는 결과보어) | 别…了 bié …le ~하지 말아요 | 烦 fán 귀찮다, 번거롭다 | 如果 rúguǒ 만약 | 像 xiàng ~처럼 | 那样 nàyàng 그렇게 | 恩爱 ēn'ài 사이(금슬)가 좋다 | 纪念日 jìniànrì 기념일 | 应该 yīnggāi 마땅히 ~해야 한다 | 送 sòng 보내다, 주다 | 礼物 lǐwù 선물

어법배우기

1 시량보어(时量补语) (2)와 비지속성 동사

우리말에 "그 사람 여기 온 지…", "우리 형은 대학 졸업한 지…", "김 과장은 결혼한 지…" 처럼, 어떤 일이 발생하면 그때부터 시간을 계산해 나가는 표현이 있는데, 이런 표현에 들어가는 동사를 중국어에서는 비지속성 동사[结束性动词]라고 부릅니다. 시량보어를 쓰는 문장에서 비지속성 동사 뒤에 목적어가 동반될 때는 '了'를 붙이지 않습니다. 비지속성 동사와 시량보어가 만나면 해석은 "~한 지 얼마나 되었다"라고 합니다.

[기본 문형]

· 他来(了)一个月了。
· 她死(了)三年了。
· 我来北京一年多了。
· 小李离开这个城市很长时间了。
· 已经下课三刻钟了，教室里没有人了。

[비지속성 동사 + 부사어 + 시량보어]

· 他大学毕业快三年了。
· 他们结婚将近五年了。
· 我爸爸已经起床半个小时了。

2 시량보어의 특수 형태

① 습관적이고 규칙적인 동작을 표현할 때는 시량보어를 쓰는 문장에 동태조사 '了'를 쓰지 않습니다.

· 他每天睡五个小时。
· 我每天晚上写一个小时日记。
· 他们公司每年春节放十五天假。
· 吃午饭后他常常弹半个小时吉他。

② '얼마간의 특정 시간 동안 이런 일이 있었다' 라는 설명처럼 어떤 시간 동안에 발생했던 일이나, 존재했던 상황에 대해 설명할 때는 동사 술어 앞에 시량보어를 써줍니다. 상황 설명을 할 때는 시량보어의 위치가 달라집니다.

· 他一个月写了一本书。
· 她三天没回家。
· 前天晚上我妈妈一夜没睡。
· 他已经五天没吃饭，没笑。

[TIP]
시간사가 부사어로 쓰일 때와 시량보어로 쓰일 때의 차이
: 시간사가 부사어로 쓰일 때는 단순히 '언제' 라는 시간 개념만 나타내지만, 시량보어로 쓰이면 어떤 동작을 하는 데 걸린 구체적인 '얼마 동안의 시간' 을 나타냅니다.

· 我们八点看电影，怎么样？ (부사어: 언제? 8시에)
· 今天晚上七点在老地方见吧！ (부사어: 언제? 밤 7시에)
· 昨天晚上我睡了八个小时。 (시량보어:얼마 동안? 8시간 동안)
· 我等了你三个钟头了。 (시량보어: 얼마 동안? 3시간 동안)

단어
离开 líkāi 떠나다 | 三刻 sānkè 45분 | 放假 fàngjià 방학하다, 휴가로 쉬다 | 弹 tán (악기를) 켜다, 연주하다 | 吉他 jítā 기타

HSK 听力

Track 07

두 사람의 대화를 듣고 질문에 맞는 답을 찾으세요.

1 Ⓐ Ⓑ

A 两年了　　B 不到两年

C 两年多了　　D 两年半

2 Ⓐ Ⓑ

A 觉得男的不累　　B 这是应该的

C 觉得男的很累　　D 白天多睡

3 Ⓐ Ⓑ

A 一本书　　B 两本书　　C 三本书　　D 四本书

4 Ⓐ Ⓑ

A 睡觉　　B 休息

C 谈话　　D 弹吉他

5 Ⓐ Ⓑ

A 我已经结婚了　　B 他结婚了

C 你结婚了吧　　D 我还没结婚

HSK 口语

다음 문장을 읽고 대화를 완성하세요.

这是我朋友东东。我们在北京大学学习。他是英文系，我是学汉语的。我爸爸和他爸爸也是朋友。我和东东都喜欢去看电影。星期六我们一起去看电影，或者去游泳。他游得很好，能游二百米。晚上我们常常去他家吃晚饭。他妈做的菜很好吃。
我特别喜欢吃他妈做的中国菜。

(1) Ⓐ 他们在哪儿学习？
Ⓑ 他们在 ______。

(2) Ⓐ 他们俩都喜欢做什么？
Ⓑ 他们俩都喜欢 ______。

(3) Ⓐ 他们俩的爸爸是什么关系？
Ⓑ ______。

(4) Ⓐ 谁游得好？
Ⓑ ______ 很好。

단어

朋友 péngyou 친구 | 英文系 yīngwénxì 영문과 | 特别 tèbié 특히, 특별히

HSK 语法

다음 단어에 맞는 자리를 찾아 주세요.

(1) 多

我 A 来 B 北京 C 一年 D 了。

(2) 一个月

A 他 B 写 C 了 D 一本书。

(3) 没

A 他 B 三天 C 回 D 家。

(4) 只

A 睡 B 四个小时，白天 C 不 D 累吗？

다음 보기에서 알맞은 단어를 골라 빈칸에 넣으세요.

结婚	没回家	下课	离开

(5) 他们 ______ 将近三年了。

(6) 他 ______ 这个城市很长时间了。

(7) 已经 ______ 三刻钟了，教室里没有人了。

(8) 他几天 ______ ？

HSK 写作

다음을 중국어로 써 보세요.

1 당신들 싸웠습니까? (吵架)

2 두 분 결혼한 지 얼마나 되었어요? (多长时间)

3 나는 대학 졸업한 지 5년째 되어갑니다. (快~了)

4 그녀가 죽은 지 3년이 되었습니다. (死)

5 수업 끝난 지 한 시간 되었지? (有)

6 그가 온 지 한 달이 되었습니다. (来)

7 그저께 밤에 우리 엄마는 밤새 한숨도 못 주무셨습니다. (一夜)

8 나는 매일 밤 한 시간 동안 일기를 씁니다. (日记)

단어

吵架 chǎojià 다투다 | 一夜 yíyè 밤새 | 日记 rìjì 일기

Travel in Hong Kong

홍콩은 어떤 곳일까?

▲ 센트럴

홍콩은 중국 남부에 위치해 있으며, 홍콩섬(香港岛), 구룡반도(九龙半岛), 신계(新界, New Territories) 본토 및 란타우섬 (大屿山)의 4부분으로 이루어져 있다. 주요 번화가는 빅토리아만 양 기슭의 홍콩섬 북부와 구룡반도 남부에 집중되어 있다. 홍콩은 전세계에 유명한 자유무역항으로서 경제와 교통이 발달하였으며, '쇼핑의 천국'과 '음식의 도시'라는 명성을지니고 있다.

센트럴(中环) 일대에 빽빽이 들어선 현대식 빌딩들은 국제 금융의 중심이자 무역의 중심, 정보의 중심, 항공 운송의 중추인 홍콩을 상징한다. 또한 오랜 세월 동안 영국의 지배를 받았던 역사적 배경으로 인해 중국과 영국이 뒤섞인 독특한 분위기를 갖게 되었다. 빅토리아 피크, 오션파크 등지가 홍콩의 주요 관광 명소이며, 교외에 흩어져 있는 공원들의 청아한 정취도 일품이다.

▲ 나단 로드의 밤풍경

홍콩 여행은 계절에 구애받지 않지만 9월 중순에서 2월 말까지가 여행하기에 가장 적당하며, 아열대성 기후로 기후 변화가 잦으니 여름에도 가벼운 겉옷을 준비하는 것이 좋다.

홍콩의 볼거리

홍콩 야경과 '심포니 오브 라이트' 쇼

▲ 심포니 오브 라이트

홍콩의 거리는 대낮에도 고층 빌딩이 삐죽삐죽 솟은 것이 재미있지만, 밤이 되면 울긋불긋한 네온사인이 화려하기 이를 데 없어 눈을 뗄 수 없을 지경이다. 홍콩의 야경을 감상하기에 가장 좋은 곳으로는 빅토리아 피크와 침사추이의 해변가를 꼽을 수 있다. 특히 침사추이의 '연인의 거리'에서는 매일 저녁 8시 '심포니 오브 라이트' 쇼를 볼 수 있어서 관광객들의 필수 코스가 되었다. 이 시간에는 침사추이 맞은편의 홍콩섬 빌딩들이 음악과 함께 색색의 조명을 번쩍이며 화려한 쇼를 펼친다.

빅토리아 피크(太平山顶, Victoria Peak)

▲ 피크타워

빅토리아 피크는 홍콩섬 북부에 위치한 해발 554m의 산으로 홍콩의 전경을 내려다볼 수 있는 최고의 장소로 꼽힌다. 특히 밤에 올라가면 세계적으로 유명한 홍콩의 야경이 한눈에 들어오는데, 빅토리아만 양 기슭의 불빛이 휘황찬란하게 빛나는 모습은 마치 보석을 뿌려 놓은 듯 아름답기 그지없다.

관광객은 산기슭의 가든 로드(花园道, Garden Rd.)에 있는 피크트램 정류장에서 피크트램를 타고 산에 오를 수 있다. 피크트램이란 빅토리아 피크를 오르내리는 일종의 케이블카인데, 산 정상까지 일직선으로 올라가는 이 피크트램은 스릴도 있고, 눈앞에서 멀어져 가며 펼쳐지는 홍콩의 전경을 천천히 감상할 수 있는 독특한 교통 수단이다.

▲ 마담 투소 박물관 의 밀랍인형

빅토리아 피크 꼭대기에는 홍콩을 상징하는 건물 중 하나인 피크타워가 있으며, 그 옆에는 유명인들을 똑같이 본떠 만든 밀랍인형이 전시된 마담 투소 박물관이 있다. 마담 투소 박물관에서 자기가 아는 유명한 연예인이나 정치인의 밀랍인형을 찾아서 함께 기념 사진을 찍는 것은 인기 있는 코스다.

리펄스베이(浅水湾, Repulse Bay)

홍콩에서 가장 유명한 해변으로, 도심에서 멀지 않은 곳에 위치해 있다. 넓은 모래사장과 파도 치는 해변으로 홍콩 사람들과 여행객들에게 모두 인기 있는 곳이며 해변을 거닐 수 있는 가장 좋은 곳이기도 하다. 아침에 해가 뜨면 일광욕을 즐기는 사람들이 모여든다. 조성모의 "슬픈 영혼식" 뮤직 비디오의 배경으로 더욱 유명해진 곳이기도 하다.

모래사장 위의 천후묘 앞에는 10m 높이의 천후상과 관음상이 서 있다. 해변 위로는 고급 아파트와 주택들이 들어서 있는데, 이 중에서 가운데 구멍이 뚫린 물결 모양의 호화 아파트에 영화배우 유덕화가 살았다고 한다.

▲ 천후상

음식만들기

Track 08

蔬菜 shūcài
야채

切菜 qiē cài
야채를 썰다

焯 chāo
데치다

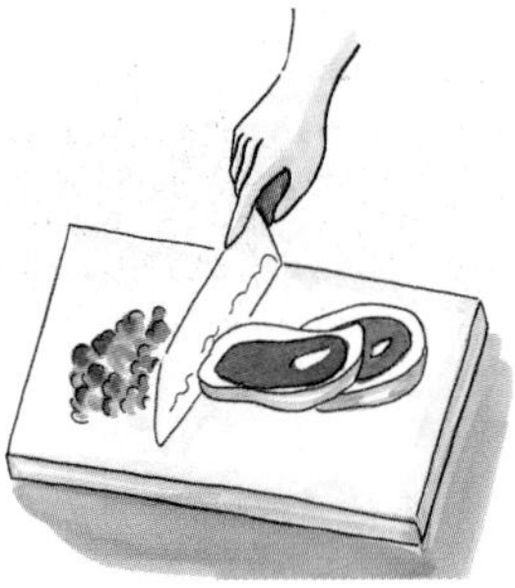

剁 duò
다지다

配料 pèiliào
양념

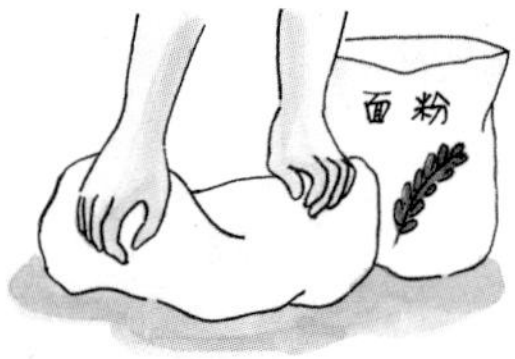

和 huó
반죽하다

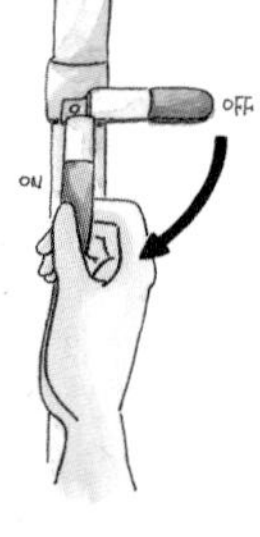

煤气 méiqì
가스

水开了 shuǐ kāi le
물이 끓다

PART 03

你们考完了吗?

너네 시험 끝났니?

학습목표

1 동작에 어떤 결과가 있는지를 표현해주는 결과보어(结果补语)에 대해 알아봅니다.
2 '까마귀 날자 배 떨어진다' 라는 속담과 같이, 어떤 동작이 앞의 동작에 이어 바로 발생함을 나타내는 '一…就…' 용법에 대해 알아봅니다.

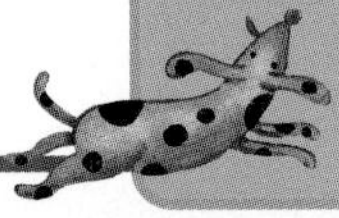

기본회화

Track 09

01

A : 吃完晚饭去喝一杯，怎么样？

B : 好啊，你在QQ酒吧等我吧。

02

A : 找到工作了吗？

B : 没有，我正在找呢。

03

A : 你们听懂了没有？

B : 听懂了。

04

A : 你们是一见钟情吧？

B : 对！我一见到她就爱上她了。

단어

完 wán 다하다, 다 쓰다 | 杯 bēi 컵, 잔 | 酒吧 jiǔbā 바(bar) | 工作 gōngzuò 일, 직업 | 找 zhǎo ❶ 찾다 ❷ 거슬러주다 | 到 dào ~에 이르다, ~에 미치다 | 正在…呢 zhèngzài… ne 한창 ~하는 중이다 | 懂 dǒng 이해하다, 알다 | 一见钟情 yíjiànzhōngqíng 첫눈에 반하다 (=一见倾心 yíjiànqīngxīn) | 上 shàng (결과보어)동작 · 행위가 시작되어 지속됨을 나타냄

상황회화

Track 10

▸▸ 하교 길 오랜만에 李娜가 시험 때문에 초췌해진 东东을 만났다.

李娜　东东，你们考完了吗？

东东　上星期五考完了，你们呢？

李娜　还没考完。期中考试考得怎么样？

东东　别提了，考砸了。

李娜　怎么了？

东东　考试前我的肠炎又犯了，没好好儿准备。

李娜　没事儿。还有期末考试呢。

东东　你呢？考得好啊？

李娜　我才不是书呆子呢，这个你也知道嘛。

东东　哈哈。你也真是的。

단어

考 kǎo 시험보다 | 期中考试 qīzhōngkǎoshì 중간고사 | 提 tí 제기하다, (말을) 꺼내다 | 砸 zá ❶ (무거운 것으로) 치다 ❷ 실패하다 | 肠炎 chángyán 장염 | 又 yòu 또 | 犯 fàn 범하다, 발생하다 | 好好儿 hǎohāor 잘, 열심히, 푹 | 准备 zhǔnbèi 준비하다 | 没事儿 méishìr 괜찮아 | 期末考试 qīmòkǎoshì 기말고사 | 才 cái (강조용법) ~야말로 | 书呆子 shūdāizi 책벌레 | 真是 zhēnshi 정말, 참

어법배우기

1 결과보어(结果补语) (1)

결과보어란 술어 뒤에 쓰여 동작이 어떠한 결과에 처해 있는지를 보충해주는 보어입니다. 주로 동사와 형용사가 결과보어로 쓰입니다.

[기본 문형]

· 我听懂你的话了。

· 我妈妈做完晚饭了。

· 坐在前面的是吴老师。

· 你要的那本书我买到了。

· 星期天我吃完早饭就去看朋友。

[부정형]

결과보어를 쓰는 문장의 부정형은 앞에 부정부사 '没(有)'를 쓰지만, 간혹 '不'를 쓰기도 합니다.

· 我们没买到火车票。

· 我还没(有)做完呢。

· 我昨天一天没看见他。

· 电影里的人说得很快，我没听懂。

[의문형]

· A　：孟科长要的机票，你买到了吗？

B-1：我已经买到了。

B-2：没买到。

· A　：你洗完澡了没有？

B-1：洗完了。

B-2：没有。

[TIP]

결과보어를 묻는 반복의문문에서는 보통 첫 번째 결과보어를 생략합니다.

· 看没看完？

· 听没听懂？

2 一… 就…

① 우리 속담 중에 '까마귀 날자 배 떨어지다' 처럼 두 가지 동작이 바로 이어서 발생함을 나타냅니다.

· 我一见她就爱上了。

· 他一看我跟别人在一起就生气了。

· 李娜一吃完饭就走了。

② "이 녀석은 술만 취하면 울어"라고 표현하고 싶을 때도, '一…就…' 용법을 써서, '~하기만 하면~하더라' 의 의미를 나타냅니다.

· 他一生气就不说。

· 小朴一喝醉就哭。

· 我听见他的声音就觉得很舒服。

· 他一和女孩子说话，脸就红。

· 你一打，他就跑。

3 先… (然后)再…

먼저 어떠한 동작을 한 다음, 이어서 다음 동작을 한다는 의미로서 '先' 과 '再' 는 모두 주어 뒤에 위치합니다. '再' 앞의 '然后' 는 써도 되고 안 써도 됩니다.

· 你先去买酒，然后再去买菜。

· 我想先洗个澡，再去吃饭。

· 咱们先打个电话再去。

· 这次旅行，我打算先到上海，再去广州。

단어

懂 dǒng 이해하다 | 机票 jīpiào 비행기표 | 洗澡 xǐzǎo 목욕 | 生气 shēngqì 화나다
醉 zuì 취하다

HSK 听力

Track 11

두 사람의 대화를 듣고 질문에 맞는 답을 찾으세요.

1 Ⓐ Ⓑ

A 买到了
B 还没买到
C 明天去买
D 没买到

2 Ⓐ Ⓑ

A 仁川
B 首尔
C 北京
D 东京

3 Ⓐ Ⓑ

A 牛仔裤

B 帽子

C 毛衣

D 裙子

4 Ⓐ Ⓑ

A 吃午饭
B 休息
C 学习
D 做作业

5 Ⓐ Ⓑ

A 听见他的声音了
B 没听见他的声音
C 听见别人的声音了
D 没听见别人的声音

HSK 口语

다음 문장을 읽고 대화를 완성하세요.

我们学校附近有一家韩国服装专卖店。这个商店不太大，可东西很多。有牛仔裤，裙子，连衣裙，还有各种各样的帽子。我们班的同学都去那儿买衣服。上星期五我跟李娜去逛街的时候，我看好一条牛仔裤，可那天没有适合我的尺寸。今天上午我再去的时候，服务员说，这条牛仔裤明天就到。

(1) Ⓐ 韩国服装专卖店在哪儿？

Ⓑ 韩国服装专卖店在 ______。

(2) Ⓐ 这个商店大不大？

Ⓑ 这个商店 ______。

(3) Ⓐ 说话人什么时候看好这条牛仔裤呢？

Ⓑ ______ 我看好这条牛仔裤。

(4) Ⓐ 服务员说，这条牛仔裤什么时候就到？

Ⓑ 服务员说，这条牛仔裤 ______ 就到。

단어

服装 fúzhuāng 복장, 의류 | 专卖店 zhuānmàidiàn 전문점 | 连衣裙 liányīqún 원피스 | 逛街 guàngjiē 쇼핑하다 | 适合 shìhé 알맞다, 적합하다 | 尺寸 chǐcun 사이즈

HSK 语法

다음 단어에 맞는 자리를 찾아 주세요.

(1) 就

我一 A 见到 B 他 C 爱上 D 他了。

(2) 没

这篇文章 A 他 B 翻译 C 成 D 中文。

(3) 完

吃 A 晚饭 B 去 C 喝 D 杯酒吧。

(4) 从

A 你 B 小 C 就 D 住在那儿吗？

다음 보기에서 알맞은 단어를 골라 빈칸에 넣으세요.

到	见	懂	就

(5) 我听 ______ 你的话了。

(6) 李娜一吃晚饭 ______ 走了。

(7) 我昨天一天没看 ______ 他。

(8) 他买 ______ 了三本英文书。

HSK 写作

다음을 중국어로 써 보세요.

1 전 아직 다 못했어요. **(还)**

2 우리는 기차표를 못 샀습니다. **(买到)**

3 먼저 밥 먹고 난 후, 다시 얘기합시다. **(先…(然后)再…)**

4 나는 벌써 다 썼습니다.

5 이 글을 그는 영문으로 번역했습니다.

6 내 여동생은 영화표를 샀습니다.

7 나는 그녀를 보자마자 사랑에 빠졌습니다. **(一…就…)**

8 먼저 샤워 좀 하고 나서 밥 먹으러 가려고요. **(先…再…)**

단어

然后 ránhòu ~한 후에 | 一…就… yī…jiù… ~하자마자 곧 ~하다 | 先…后… xiān…hòu… 먼저~하고, 후에 ~하다

차 마시다

Track 12

保温瓶 bǎowēnpíng
보온병

煮 zhǔ
끓이다

打开茶叶袋 dǎkāi cháyè dài
찻잎 봉지를 열다

茶壶 cháhú
차 주전자

放水 fàng shuǐ
물을 붓다

沏 qī
(차를) 우리다

倒茶 dàochá
차를 따르다

品味 pǐnwèi
음미하다

PART 04

你们吃饱了吗?

배불리 먹었어요?

학습목표

1 형용사가 결과보어로 쓰이는 문장에 대해 알아봅니다.
2 많이 쓰는 동사·형용사 결과보어에 대해 알아봅니다.

기본회화

Track 13

01

A : 喂！李珉在家吗？

B : 你找谁？先生，你打错了。

02

A : 对不起，我来晚了。

B : 没事儿，快进来吧。

03

A : 怎么能学好汉语呢？

B : 只要多看多说，就一定能学好。

04

A : 你妈妈的病好多了吗？

B : 谢谢！好多了。

단어

喂 wèi 여보세요 | 打 dǎ ❶ 때리다, ❷ (전화) 걸다 | 错 cuò 틀리다 | 进来 jìnlái 들어오다 | 吧 ba ~하세요 | 怎么能…呢? zěnme néng…ne 어떻게 ~할 수 있는가? | 好 hǎo (결과보어) 잘 마무리되었음을 나타냄 | 只要…就… zhǐyào…jiù… 단지 ~하기만 하면 바로 ~할 수 있다 | 一定 yídìng 반드시 | 惯 guàn 습관이 되다

상황회화

Track 14

▸▸ 오늘은 王明이 생일턱을 낸 날. 모두 다 배가 불러 어쩔 줄을 몰라 한다.

王明　这个餐厅的菜怎么样？

李珉　好吃极了。

王明　你们吃饱了吗？

金小英　吃饱了。

李珉　哎呀！ 快要撑死了。

金小英　哈哈，那剩下的菜怎么办？

王明　这些菜就打包吧。小姐，结账！

服务员　好的。先生，您付现金还是刷卡？

王明　刷卡。小姐，开个发票。

단어

个 ge (양사) 개, 명, 사람 | 餐厅 cāntīng 식당 | 极 jí (정도보어) 극에 달하다 | 饱 bǎo 배부르다 | 撑 chēng 꽉 채우다 | 死 sǐ (정도보어) 죽을 정도에 이르다 | 剩下 shèngxià 남다 | 下 xià (결과보어) 결과물이 고정되어 안정된 느낌 | 些 xiē 약간 | 打包 dǎbāo 포장하다 | 结账 jiézhàng 계산하다 | 付 fù 지불하다 | 现金 xiànjīn 현금 | 刷卡 shuākǎ 카드 결제하다 | 开 kāi 발급하다 | 发票 fāpiào 영수증

어법배우기

1 결과보어(结果补语)(2)

형용사가 결과보어로 되는 문형입니다.

① 对/错 : 동작의 결과가 틀렸거나 맞았음을 나타냅니다.
(说对, 写错, 念错, 算错, 翻译错, 回答错)

② 好 : 일이 완료되었다는 의미에서는 '完' 과 같지만, '好' 에는 '잘 마무리되었다' 라는 의미가 강합니다
(写好, 算好, 翻译好, 做好, 放好, 拿好, 说好, 准备好, 安排好, 计划好)

③ 清楚 : 동작의 결과가 분명함을 나타냅니다.
(说清楚, 看清楚, 写清楚, 念清楚, 问清楚)

④ 干净 : 동작의 결과로 깨끗해졌음을 나타냅니다.
(洗干净, 收拾干净, 打扫干净)

⑤ 惯 : 동작을 통해 익숙해지고 습관이 되는 것을 나타냅니다.
(住惯, 过惯, 吃惯)

⑥ 大 : 동작을 통해 크게 하거나 여는 것을 나타냅니다.
(睁大, 张大)

⑦ 晚 : 동작이 늦었음을 나타냅니다.
(来晚)

[기본 문형]

· 今天的作业我已经做好了。
· 对不起, 我来晚了。
· 我听明白他的意思了。
· 那个问题她回答对了。
· 你们走错了, 应该往东走。

[결과보어를 쓰는 다른 표현]

결과보어를 이중부정 '不…不…'의 형식을 써서 주어의 결연한 의지를 표현하기도 합니다.

· 我不学好汉语绝不结婚。

· 我不做完作业就不吃晚饭。

· 我不看完这本书，不睡觉。

[TIP]

일반 동사 술어문과 결과보어를 쓰는 동사 술어문의 차이에 대해 알아볼까요? 일반 동사 술어문은 단순히 어떤 동작이나 행위가 진행된 것만을 말하지만, 결과보어를 쓰는 동사 술어문은 동작이나 행위의 결과가 어떻다 하는 것까지 말해줍니다.

· 我听了他的声音。

· 我听见了他的声音。

· 我看了那本书。

· 我看完了那本书。

단어

意思 yìsi 생각하다 | 回答 huídá 회답 | 开口 kāikǒu 입을 열다. 말을 하다 | 紧张 jǐnzhāng 긴장하다 | 事情 shìqing 일, 사건, 용무 | 声音 shēngyīn 음성, 목소리

HSK 听力

Track 15

두 사람의 대화를 듣고 질문에 맞는 답을 찾으세요.

1 Ⓐ Ⓑ

A 看不懂　　B 都看懂了
C 有点儿不懂　　D 不知道

2 Ⓐ Ⓑ

A 没习惯　　B 能吃中国菜
C 还不能吃　　D 不喜欢中国菜

3 Ⓐ Ⓑ

A 还没洗　　B 已经洗干净了
C 不想洗　　D 不知道

4 Ⓐ Ⓑ

A 10:55

B 11:00

C 11:05

D 11:55

5 Ⓐ Ⓑ

A 买到了　　B 不好买
C 没买到　　D 很多人都买到了

HSK 口语

다음 문장을 읽고 대화를 완성하세요.

今天星期天。我们几个都有事儿。李娜去清华大学看一个朋友，我跟小英一起去商店买自行车。买自行车后，我可以骑着自行车去玩儿了。书呆子东东已经去图书馆学习汉语了。我们说好下午四点在学校门口见面。我们打算晚上去饭馆吃火锅。

(1) Ⓐ 今天星期几？
　 Ⓑ 今天 ________ 。

(2) Ⓐ 李娜去清华大学干什么？
　 Ⓑ 李娜去清华大学 ________ 。

(3) Ⓐ 说话人今天买什么？
　 Ⓑ 说话人今天买 ________ 。

(4) Ⓐ 今天晚上他们打算吃什么？
　 Ⓑ 今天晚上他们打算吃 ________ 。

단어

书呆子 shūdāizi 책벌레 | 打算 dǎsuan ~할 예정이다 | 火锅 huǒguō (중국식) 샤브샤브

HSK 语法

다음 단어에 맞는 자리를 찾아 주세요.

(1) 大

你 A 就 B 睁 C 眼睛 D 吧。

(2) 还

我 A 没 B 复习 C 完 D 功课呢。

(3) 已经

A 中国菜 B 我 C 吃 D 惯了。

(4) 去

我 A 可以 B 骑着 C 自行车 D 玩儿了。

다음 보기에서 알맞은 단어를 골라 빈칸에 넣으세요.

翻译	回答	不…不…	晚

(5) 不好意思，我来 ______ 了吧？

(6) 那个问题她 ______ 对了。

(7) 这个句子他 ______ 对了。

(8) 我 ______ 看完这本书， ______ 睡觉。

HSK 写作

다음을 중국어로 써 보세요.

1 오늘 숙제 저는 벌써 다 했어요.

2 난 숙제를 다 못하면 저녁 안 먹을 거야.

3 너한테 빨라고 한 옷 어떻게 됐니? (洗)

4 너 이 책 다 봤어?

5 어떻게 하면 중국어를 잘할 수 있나요? (怎么)

6 중국 음식 난 이미 익숙해졌어. (惯)

7 많이 보고 많이 말하기만 하면, 반드시 잘 할 수 있습니다. (只要…就…)

8 나는 그 사람 목소리를 들었어요. (声音)

단어

洗 xǐ 빨다, 씻다 | 只要…就… zhǐyào…jiù… 단지 ~하기만 하면 바로 ~할 수 있다

Travel in Hong Kong

홍콩의 볼거리 1

홍콩 오션파크(香港海洋公园, H.K. Ocean Park)

홍콩 오션파크는 아시아에서 가장 유명한 해양 박물관이자 현대식 놀이공원 중의 하나다. 특히 이곳에는 세계에서 두 번째로 큰 수족관과 세계에서 두 번째로 긴 에스컬레이터가 있어서 홍콩에 온 여행객들이 반드시 들르는 코스가 되었다. 공원은 산꼭대기와 산 아래 화원의 두 부분으로 구성되어 있으며, 내부에는 마린랜드(海洋天地), 어드벤처랜드(急流天地), 키즈랜드(儿童王国), 워터월드(水上乐园), 버드 파라다이스(雀岛天堂) 등이 있다.

▲ 오션파크

그 중에서 바다의 해발과 같게 층층이 구성된 아쿠아리움은 바닷속에 들어온 듯한 착각을 불러일으킨다. 마린랜드의 해양극장 안에서 펼쳐지는 돌고래와 물개쇼는 이미 홍콩 여행의 대표적인 볼거리이며 관광객은 또한 해양관, 해도관 안에서 해양 생물의 수중 생활을 구경할 수 있다.

▲ 오션파크의 판다

또한 미들 킹덤(集古村, Middle Kingdom)에는 기원전 2205년부터의 중국의 13대 왕국을 축소하여 만들어 놓은 것이 볼 만하다.

그 밖에 중국 중앙정부에서 홍콩 특별행정구에 기증한 판다 한 쌍도 공원 내의 현대식 우리에서 전시되고 있고, 스릴을 느낄 수 있는 놀이 기구도 많이 있다.

웡타이신 사원(黄大仙庙, Wong Tai Sin Temple)

▲ 웡타이신 사원의 입구

웡타이신 사원은 1956년 개원하였으며 본당에는 도교의 신선인 웡타이신의 그림이 모셔져 있다. 웡타이신은 원래 중국의 양치기 소년이었는데 15세 때 어떤 사람으로부터 수은으로 모든 병을 고칠 수 있는 약을 만드는 기술을 배우게 되었고 그 이후 40년 동안 은둔하며 살아갔다고 한다.

▼ 웡타이신 사원의 입구

홍콩에 있는 도교 사원 중에서 가장 효력이 있다 하여 많은 신자들이 찾고 있으며, 건강을 걱정하는 사람들뿐만 아니라, 사업 문제에 대해 조언을 얻고자 하는 사람들이 참배하고 있다. 주위에 점집들이 많이 있다.

홍콩의 특색 있는 거리

▲ 노점의 골동품

• 레이디즈 마켓 (女人街, Ladies Market)

레이디즈 마켓은 매일 점심 때부터 밤까지 작은 노점이 들어서는데, 주로 파는 상품은 각종 여성용 가방, 의류, 악세사리 등이고, 작은 음식 노점들도 있다.

• 템플 스트리트(庙街, Temple St.)

템플 스트리트는 신사복과 남성용품 판매를 위주로 하며, 맨스 마켓(男人街, Men's Market)라고도 불린다. 영업 시간은 오후부터 한밤중까지다. 템플 스트리트에는 많은 민간 예술가들이 거리 공연을 하고 있다.

• 제이드 마켓(玉器市场, Jade Market)

진품에서 모조품 비취까지 비취 전문 시장이다. 모조 비취를 속여 파는 경우도 있으니 주의하길 바란다. 오전 10시부터 오후 4시까지 문을 연다.

▲ 스탠리 마켓

• 스탠리 마켓(赤柱市场, Stanley Market)

몽콕의 야시장보다 깔끔한 분위기로 직접 공장에서 물건을 받아와 파는 곳이며 하자가 있는 유명 브랜드의 상품을 싸게 팔기도 한다. 동화에서나 나올 법한 집처럼 꾸며진 카페나 레스토랑들이 있어 해변을 바라보며 차 한 잔 마시는 것도 괜찮다. 저녁 6시경에 문을 닫으므로 빨리 가 보는 것이 좋다.

• 헐리우드 로드(荷李活道, Hollywood Rd.)

미드레벨(半上区, Mid Levels) 에스컬레이터를 타고 올라가다 보면 이 거리가 나오는데 주로 중국의 도자기, 고가구, 그림 등의 골동품을 취급하므로 홍콩의 서민적 분위기를 느끼기에 좋은 곳이다.

▲ 미드레벨 에스컬레이터

미드레벨 에스컬레이터

센트럴에서 란콰이펑(兰桂坊)에 가는 길목에 미드레벨(半上区, Mid Levels)로 올라가는 매우 긴 에스컬레이터가 있다. 영화 '중경삼림'에 나와서 더욱 유명해진 이 에스컬레이터는 미드레벨의 고급 주택가에 사는 사람들의 출퇴근용으로 아침(8~10시)에는 내려오는 방향으로 운행되고, 오후에는 올라가는 방향으로 운행된다. 미드레벨에는 예쁜 집과 카페가 많기로 유명하니 에스컬레이터를 타고 올라가서 구경하는 것도 좋을 것 같다.

TV 시청하기

Track 16

遥控器 yáokòngqì
리모콘

电源 diànyuán
전원

新闻联播 xīnwén liánbō
뉴스 방송

重播 chóngbō
재방송

换频道 huàn píndào
채널을 돌리다

广告 guǎnggào
광고

关电视 guān diànshì
텔레비전을 끄다

PART 05

你快回来吧!

빨리 돌아오세요!

학습목표

동작이 진행되는 방향을 알려주는 방향보어 [趋向补语] 에 대해 알아봅니다.

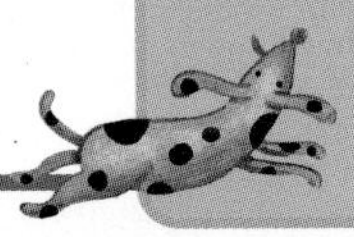

기본회화

Track 17

01

A: 我很想你，亲爱的，你什么时候回来呢？

B: 快了，下星期我就回去。

02

A: 哎，起来吧！起来！

B: 怎么了？哪里着火了？

03

A: 你没看见有人跑进来吗？

B: 对不起，没看见。

04

A: 快到周末了，你想做什么呢？

B: 我想爬上泰山去看看日出。

단어

亲爱的 qīn'aìde 자기야, 달링 | 来 lái (방향보어) 동작이 화자가 있는 방향으로 진행됨을 나타냄 | 去 qù (방향보어) 동작이 화자가 있는 방향에서 다른 곳으로 옮겨감을 나타냄 | 起来 qǐlái 일어나다 | 着火 zháohuǒ 불이 나다 | 进来 jìnlái 들어오다 | 爬 pá 기어오르다 | 上去 shàngqù (복합 방향보어) 올라가다 | 泰山 tàishān 태산 | 日出 rìchū 일출

상황 회화

Track 18

▸▸ 브리핑 자료를 잃어버린 李珉이 급한 마음에 李娜를 닦달하는데…

李珉　李娜，你快过来一下！

李娜　哥，你怎么了？谁家着火了吗？

李珉　哎，别开玩笑，我桌子上的资料你看见没有？

李娜　没有。昨天我没进过你的屋啊。

李珉　真的吗？那，那些资料都哪儿去了？

李娜　哥，你下去看看，是不是沙发上的那些？

李珉　啊？那儿有我的资料？

李娜　不知是谁的，反正那儿放着一些资料呢。

李珉　谢谢，我的好妹妹！

李娜　不客气！

단어

过来 guòlái 건너오다 | 一下 yíxià 좀 ~하다 | 着火 zháohuǒ 불이 나다 | 别 bié ~하지 마라 | 开玩笑 kāiwánxiào 농담하다 | 资料 zīliào 자료 | 屋 wū 방 | 下去 xiàqù 내려가다 | 沙发 shāfā 소파 | 反正 fǎnzhèng 어쨌든 | 放 fàng 놓다

어법배우기

1 방향보어(趋向补语) (1)

구호 "우향우", "좌향좌"처럼 동작의 방향을 나타내는 보어를 방향보어라고 합니다.

[단순 방향보어 1]

① 단순 방향보어에는 '来'와 '去'가 있습니다. '来'는 동작의 방향이 화자를 향해 진행되는 것을 나타내고, '去'는 동작의 방향이 화자에게서 멀어지는 것을 나타냅니다.

· 你看！小李回来了。
· 我们谈话的时候，他进屋来了。
· 我给你带来一封信。
· 东东不在家，出去了。
· 刚才我给妈妈寄去生日礼物了。

② 단순 방향보어를 쓰는 문장에 '장소 목적어'가 나오면 반드시 동사 술어와 '来/去' 중간에 놓아야 합니다.

· 外边风很大，你快进屋来吧。
· 他回公司去了。

③ 단순 방향보어를 쓰는 문장에 일반 '사람/사물' 목적어가 나오면 '来/去' 앞, 뒤에 놓을 수 있습니다.

· 我朋友买苹果来了。
· 我男朋友给我寄来一条裙子。
· 照相机他带去了吗?

④ 단순 방향보어를 쓰는 문장에 동작이 아직 실현되지 않았음을 표현할 때는, 목적어는 보통 '来/去' 앞에 놓습니다.

· 他要买葡萄来。
· 我想带数码相机去。

⑤ 목적어가 추상명사인 경우에는 목적어를 '来/去' 뒤에 놓습니다.

· 这个小孩给我们带来了希望。
· 我给你们带来了麻烦。

[단순 방향보어 2]

방향동사 上 · 下 · 进 · 出 · 回 · 过 · 起 등을 방향보어로 보기도 합니다.

동사	+	上 下 进 出 回 过 起	+	목적어

· 他买回一本英汉词典。

· 周老师走出教室了。

2 부정양사 点儿 / 些

① '点儿/些' 두 개 다 부정양사로 수량이 적음을 나타냅니다. 이때는 바꿔 쓸 수 있습니다.

· 他去商店买了点儿吃的。

· 他去商店买了些吃的。

② '这些/那些' 은 수량의 많고 적음과 상관없이 복수의 개념이고, '这点儿/那点儿' 는 수량이 아주 적음을 나타냅니다.

· 这些礼物是送给谁的?

· 这点儿饭够谁吃的呀? 再做点儿吧。

③ '这么些/那么些' 는 수량이 많음을 강조하고, '这么点儿/那么点儿' 은 수량이 적음을 강조합니다.

· 这么小的屋子哪儿能坐下这么些人呢?

· 怎么就来了那么点儿人啊? 不是说有十几个人吗?

HSK 听力

Track 19

두 사람의 대화를 듣고 질문에 맞는 답을 찾으세요.

1 Ⓐ Ⓑ

A 已经出去了　B 还没出去
C 刚出去　D 不知道

2 Ⓐ Ⓑ

A 女的　B 李娜　C 东东　D 小英

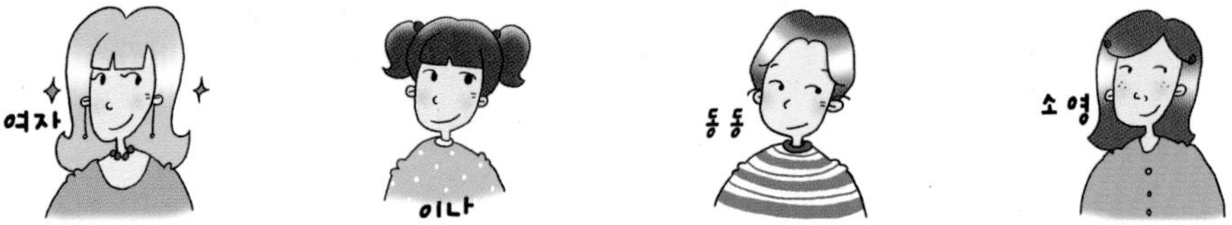

3 Ⓐ Ⓑ

A 北京　B 天津
C 上海　D 青岛

4 Ⓐ Ⓑ

A 朋友　B 同学
C 同事　D 爱人

5 Ⓐ Ⓑ

A 泰山　B 黄山
C 颐和园　D 故宫

HSK 口语

다음 문장을 읽고 대화를 완성하세요.

小英是一家贸易公司职员。她每天七点起床，八点坐地铁去上班，九点到公司。中午十二点到一点休息，她有时候在公司吃午饭，有时候跟客人去饭馆吃饭。吃完饭后看报纸或者跟同事聊天儿。下午六点下班，大概七点到家。回家的时候，她常常买水果来。七点半左右她吃晚饭。吃晚饭以后，她跟爱人一起看电视。差五分十二点睡觉。

(1) Ⓐ 小英在哪儿工作？
　　Ⓑ 小英 ______ 工作。

(2) Ⓐ 她中午吃完饭后，做什么？
　　Ⓑ 她中午吃完饭后，______。

(3) Ⓐ 中午休息时间是从几点到几点？
　　Ⓑ 中午休息时间是 ______。

(4) Ⓐ 吃晚饭后，她跟爱人做什么？
　　Ⓑ 吃晚饭后，她跟爱人 ______。

단어

地铁 dìtiě 지하철 | 报纸 bàozhǐ 신문 | 大概 dàgài 대개

HSK 语法

다음 단어에 맞는 자리를 찾아 주세요.

(1) 回

我 A 给家人 B 寄 C 两张照片 D 去。

(2) 公司

A 他 B 回 C 去 D 了。

(3) 来

我 A 朋友 B 买 C 一斤 D 苹果。

(4) 客厅

她 A 妹妹 B 走 C 进 D 来了。

다음 보기에서 알맞은 단어를 골라 빈칸에 넣으세요.

就	点儿	来	些

(5) 他要买苹果 ____。

(6) 我爱人马上 ____ 回来。

(7) 他去商店买了 ____ 吃的。

(8) 这 ____ 礼物是送给谁的？

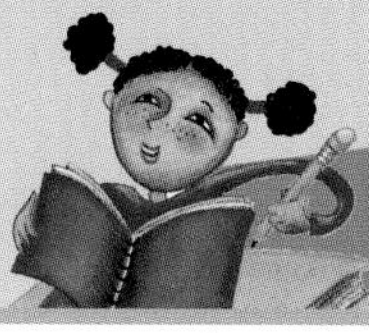

HSK 写作

다음을 중국어로 써 보세요.

1 카메라를 그 사람이 가져갔나요? **(照相机)**

2 내 친구는 사과를 사 가지고 왔습니다. **(苹果)**

3 그는 회사로 돌아갔습니다. **(回去)**

4 그는 밥 먹고는 바로 나갔습니다. **(出去)**

5 그는 상점에 가서 먹을 것을 조금 샀습니다. **(些)**

6 이렇게 작은 방에 어떻게 그렇게 많은 사람들이 들어갑니까?

7 나는 걸어 올라갑니다.

8 내가 너희들에게 폐만 끼쳤구나. **(麻烦)**

단어

照相机 zhàoxiàngjī 카메라 | 苹果 píngguǒ 사과 | 些 xiē 조금, 약간 | 麻烦 máfan ❶ 폐, 번거로움 ❷ 번거롭다, 귀찮다

설거지하기

Track 20

吃完了 chīwán le
(음식을) 다 먹다

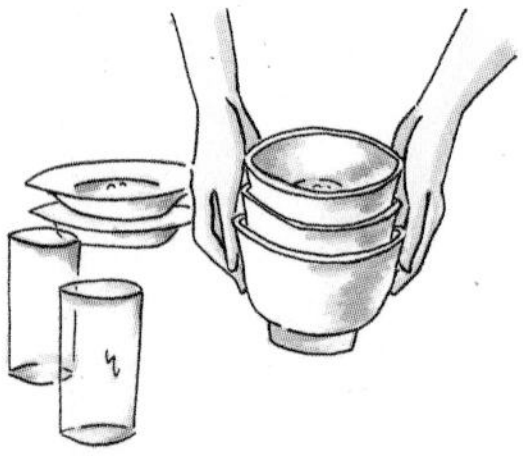

整理杯盘 zhěnglǐ bēipán
그릇과 컵을 치우다

洗碗池 xǐwǎnchí
설거지통

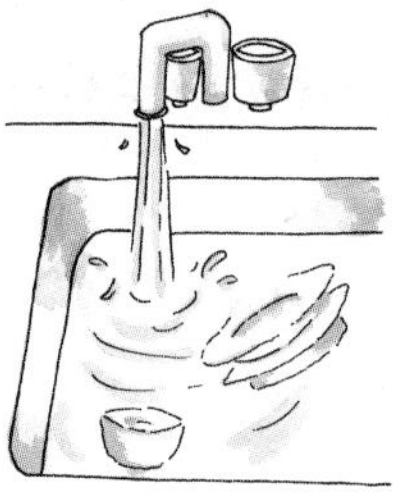

水龙头 shuǐlóngtóu
수도꼭지

洗涤剂 xǐdíjì
세제

擦 cā
닦다

冲洗 chōngxǐ
헹구다

PART 06

你快说出来呀!

빨리 말하라니깐!

학습목표

1 "올라가"라는 표현을 "기어 올라가!"라고 할 때처럼, 동작을 좀 더 세분화해서 표현할 때 복합 방향보어[复合趋向补语]를 씁니다. 이 복합 방향보어에 대해 알아봅니다.
2 일상회화에서 많이 쓰는 '파생적인 의미'를 갖고 있는 복합 방향보어에 대해 알아봅니다.

기본회화

Track 21

01

A: 他的名字想起来了没有?

B: 没有, 奇怪, 怎么也想不起来。

02

A: 这样做下去你一定会后悔的。

B: 那也没办法。

03

A: 你想说什么就说出来吧。

B: 其实, 我没什么可说的。

04

A: 喂! 喂! 快醒一醒!

B: 没事儿, 我还没喝醉呢。

단어

名字 míngzi 이름 | 奇怪 qíguài 이상하다, 괴상하다 | 怎么也 zěnme yě 아무리 해도 | 下去 xiàqù (어떤 동작을) 해 내려가다 | 会…的 huì···de ~할 것이다 | 后悔 hòuhuǐ 후회하다 | 没办法 méibànfǎ 어쩔 수 없다 | 出来 chūlái ❶ 나오다 ❷ (방향보어) 무에서 유를 창조해내다 | 其实 qíshí 사실은 | 可 kě ~할 만한 가치가 있다 | 醒 xǐng 깨어나다 | 没事儿 méishìr 괜찮아 | 喝 hē 마시다

상황 회화

Track 22

▸▸ 모처럼 金小英과 李珉이 데이트하는 날… 연하남을 의식한 듯 잔뜩 멋을 낸 金小英의 모습이 눈에 확 띈다.

李珉　哟！这是谁呀？我差点儿没认出来。

金小英　怎么了？

李珉　你今天打扮得真漂亮。年轻多了。

金小英　什么？年轻多了？

李珉　哈哈，说着玩儿呢！你别生气。

金小英　你这个人，真讨厌！

李珉　姐姐，你猜猜这是什么东西吧。

金小英　我真猜不出来呢，你快告诉我。

李珉　这是……

金小英　你快说出来呀！

단어

哟 yō 앗, 아니, 야 | 差点儿 chàdiǎnr 하마터면 | 认 rèn 알아보다 | 出来 chūlái ❶ (방향보어) 나오다 ❷ 생각을 해내다 | 打扮 dǎban 분장하다, 단장하다 | 漂亮 piàoliang 이쁘다 | 年轻 niánqīng 젊다 | 说着玩儿 shuōzhewánr 농담하다 | 生气 shēngqì 화내다 | 讨厌 tǎoyàn 밉다, 얄밉다 | 猜 cāi 추측하다 | 东西 dōngxi 물건 | 告诉 gàosu 알려주다

어법배우기

1 방향보어 (2)

동작을 좀 더 세분화해서 표현할 때 복합 방향보어를 씁니다. 예를 들어, '들어와'는 '进来吧!'라고 표현하고, '뛰어 들어와'는 '跑进来吧!'라고 표현합니다.

① 복합 방향보어의 용법

· 你看！他跑下来了。

· 前边走过来一个人。

· 你给我滚出去！

② '장소' 목적어가 나오면 '来/去' 앞에 놓습니다.

· 他跑进宿舍去了。

· 他妹妹走进客厅来了。

③ '사람·사물' 목적어가 나오면 '来/去' 앞이나 뒤에 놓을 수 있습니다.

· 他从书包里拿出来了一盘光盘。

· 她带了一瓶啤酒进去。

④ 복합 방향보어와 이합사를 같이 쓸 때는 다음과 같습니다.

· 他回过头来向我笑了笑就走了。

· 她跳起舞来什么都忘了。

⑤ 단음절 동사가 복합 방향보어와 결합하면 다음과 같이 쓰기도 합니다.

· 他说完话就站了起来。

2 복합방향보어의 파생 용법

몇몇 복합 방향보어는 원래의 뜻 외에 파생적인 의미를 갖는 것들이 있는데, 대표적인 것이 다음과 같습니다.

① 下来

㉠ 동작이나 상태가 동적인 것에서 정적인 것으로, 밝은 것에서 어두운 것으로 점차 변화해가는 것을 표현

㉡ 사람이나 사물이 어딘가에 머물거나 고정됨을 표현
㉢ 동작이 과거로부터 계속되어 옴을 표현

· 天黑下来了。
· 你的电话号码我们都记下来了。
· 这个传统在马家一代代传下来。

② 下去

동작이 계속 진행될 것을 나타냅니다. '下去' 뒤에는 목적어가 올 수 없습니다.

· 我们继续谈下去吧。

③ 出来

㉠ 동작을 통해 뭔가를 발견하거나 식별해내는 것을 표현
㉡ 동작을 통해 '무'에서 '유'를 창조해내는 것을 표현

· 你快说出来吧。
· 他的意见都说出来了。

④ 起来

㉠ 동작이 시작되어 계속됨을 표현
㉡ 사람이나 사물이 흩어져 있다가 한곳으로 집중됨을 표현
㉢ '~하기엔'으로 화자의 관점이나 생각을 표현

· 听了他的话，大家都笑起来了。
· 我们应该团结起来。
· 说起来容易，做起来难。

⑤ 过来

동작이 비정상에서 정상으로 돌아오거나, 어떠한 능력이 되는 것을 표현

· 喂！醒过来呀！

⑥ 过去

동작이 정상에서 비정상으로 되거나, 동작이 완료되는 것을 표현

· 听到他的消息，我妹妹就昏过去了。

HSK 听力

Track 23

두 사람의 대화를 듣고 질문에 맞는 답을 찾으세요.

1 Ⓐ　　Ⓑ

A 小李　　B 东东
C 周老师　　D 朴老师

2 Ⓐ　　Ⓑ

A 现在不想吃饭　　B 太少了，想多吃
C 吃饱了　　D 没有菜

3 Ⓐ　　Ⓑ

A 想起来了　　B 还没有
C 不知道　　D 想出来

4 Ⓐ　　Ⓑ

A 不好看　　B 太小了
C 不太好　　D 没洗干净

5 Ⓐ　　Ⓑ

A 小李

B 东东

C 李珉

D 小英

HSK 口语

다음 문장을 읽고 대화를 완성하세요.

李珉从上海回到北京，刚下火车，就下起雪来了。快到家的时候，雪下得更大了。这时候，他看见前边一位老大娘，手里拿着一大包东西，走起路来很困难。他马上过去帮她拿东西。他们一边走路一边聊天儿，这样就很快到老大娘家了。老大娘请他进来，可他没进去就回家了。

(1) Ⓐ 李珉的家在哪儿？
Ⓑ 李珉的家 ______。

(2) Ⓐ 李珉看见谁了？
Ⓑ 李珉看见 ______。

(3) Ⓐ 李珉帮老大娘的什么？
Ⓑ 李珉帮她 ______。

(4) Ⓐ 李珉进去了老大娘的家没有？
Ⓑ 李珉 ______。

단어

老大娘 lǎodàniáng 할머니 | 困难 kùnnan 힘들다, 곤란

HSK 语法

다음 단어에 맞는 자리를 찾아 주세요.

(1) 宿舍

他 A 跑 B 进 C 去 D 了。

(2) 下去

A 我们 B 继续 C 谈 D 吧!

(3) 下来

A 你看! B 他 C 跑 D 了。

(4) 就

你 A 想 B 说什么 C 说出来 D 吧。

다음 보기에서 알맞은 단어를 골라 빈칸에 넣으세요.

出来	起来	下来	过去

(5) 听到他的消息，他的爱人就昏 ______ 了。

(6) 天黑 ______ 了。

(7) 他从书包里拿 ______ 了一盘光盘。

(8) 她跳 ______ 舞 ______ 什么都忘了。

HSK 写作

다음을 중국어로 써 보세요.

1 네 전화번호를 우린 다 적어놨어. (电话号码)

2 너 빨리 좀 말해봐.

3 우리는 단결해야 합니다. (团结)

4 그의 여동생은 거실로 걸어 들어왔습니다.

5 그녀는 맥주 한 병을 가지고 들어갔습니다.

6 말하긴 쉬워도, 하긴 힘들어요.

7 날이 어두워졌습니다.

8 기차가 천천히 멈추었습니다. (停 / 下来)

단어

电话号码 diànhuàhàomǎ 전화번호 | 团结 tuánjié 단결하다

Travel in Hong Kong

홍콩의 쇼핑 명소는 어디일까?

홍콩은 세계적인 브랜드의 상품들을 세계 어느 곳보다 저렴하게 살 수 있는 곳으로 유명하며, 쇼핑 지역이 대부분 한곳에 모여 있어 둘러보기에도 편리하다. 주요 쇼핑 명소로는 침사추이(尖沙咀), 센트럴(中环), 어드미럴티(金钟), 코즈웨이베이(铜锣湾) 등이 있다.

홍콩에서 1년에 두 번, 여름(7월)과 겨울(12월~설날)은 세계적인 명품들도 참여하는 대대적인 바겐 세일 기간이다. 각국의 명품족들은 이때를 노려서 홍콩으로 몰려드는데, 특히 세일이 막바지에 이를 때 세일의 폭이 더 커지므로 정말 사고 싶은 물건이 있다면 그때 사는 것이 현명하다.

홍콩의 쇼핑명소

침사추이(尖沙咀, Tsim Sha Tsui)

몇 블록에 걸쳐 이어지는 거대한 쇼핑몰 하버시티부터, 저렴하면서도 개성 있는 패션 아이템들이 숨어 있는 그랜빌 로드(Granville Road)의 보세 옷가게들과, 서민들의 냄새가 물씬 풍기는 템플 스트리트 등의 거리 시장까지 골고루 갖추어져 있다. 대부분 침사추이역 주위에 몰려 있으므로 역을 중심으로 천천히 둘러보면 홍콩의 소박한 모습에서 화려한 모습까지 모든 것을 보고 느낄 수 있다. 침사추이에서는 고급 브랜드의 명품에서 모조품에 이르기까지 쇼핑이 가능하다.

센트럴(中环, Central)과 어드미럴티(金钟, Admiralty)

누구나 홍콩의 높은 빌딩숲 사진을 본 적이 있을 것이다. 그런 사진은 대부분 이 센트럴 부근을 찍은 것이다. 어드미럴티는 주위에 쇼핑가가 많지는 않지만 최고의 쇼핑몰인 퍼시픽 플레이스가 있어 많은 관광객들이 모이는 곳이다.

▲ 퍼시픽 플레이스

코즈웨이베이(铜锣湾, Causeway Bay)

홍콩 최고의 쇼핑가라고 할 수 있는 지역으로 대형 쇼핑몰들이 집중되어 있다. 밝고 활기찬 분위기의 거리로 각종 명품들의 매장들과 백화점들이 즐비하며 일본 백화점들이 몰려 있어 홍콩 속의 작은 일본 같은 분위기를 자아낸다.

홍콩의 대표 먹거리는 뭐가 있을까?

홍콩의 먹거리는 기본적으로 광둥 요리에 뿌리를 둔다. "음식이라면 광둥"이라는 말이 있을 만큼 광둥 요리는 다양한 재료와 조리법으로 우리의 입맛을 돋운다. 또한 홍콩은 오랫동안 영국의 지배를 받아 왔던 역사적 배경에서 다양한 서양 요리도 발달하였다.

홍콩의 먹거리

딤섬

딤섬은 간식을 뜻하는 중국어 '뎬신(点心)'의 홍콩식 발음이다. 딤섬은 주로 아침이나 점심 때 먹는 것으로, 작은 접시나 바구니에 담긴 만두나 찐빵 같은 딤섬을 늘어놓고 차와 함께 먹는 것을 '얌차(饮茶)'라고 한다. 식당에 따라 메뉴판에 표시해서 주문하는 경우도 있고, 손수레에서 직접 음식을 보고 고르는 경우도 있다.

▲ 여러 가지 딤섬

차오저우 요리(潮州菜)

차오저우 요리는 고급 음식으로, 흔히 우리가 알고 있는 샥스핀과 제비집 요리가 이 차오저우 요리에 속한다. 차오저우 요리를 먹을 때 녹차와 함께 먹으면 입맛을 돋우어 주고 소화에 도움을 주어 금상첨화다. 고급 요리답게 가격도 만만치 않지만, 주문만 잘하면 저렴한 가격에도 차오저우 요리를 즐길 수 있다.

▲ 수타면

국수(面)와 죽(粥)

홍콩 사람들이 보통 때, 아침이나 점심으로 먹는 건 거창한 요리가 아니라 국수 종류다. 그래서 국수집은 흔히 볼 수 있으며, 대부분 하루 종일 국수를 먹는 사람들로 가득하다. 바쁜 홍콩 사람들이 간편하게 즐기는 죽은 알맞게 우러난 국물의 깊이 있는 맛과 부드럽게 씹히는 쌀알의 느낌이 일품인 훌륭한 식사이며, 아침부터 밤늦게까지 영업하는 체인점들이 많다.

독서하기

Track 24

畅销书 chàngxiāoshū
베스트셀러

书架 shūjià
책꽂이

翻 fān
페이지를 넘기다

划 huà
줄을 긋다

一边翻一边读
yìbiān fān yìbiān dú
페이지를 넘겨가며 읽는다

记录 jìlù
메모, 기록

合上 héshang
닫다. 덮다

PART 07

听得懂吗?

알아들을 수 있어요?

학습목표

1 동작이 어떠한 결과나 상황에 도달할 수 있는 가능성이 있는지 없는지를 보충 설명해하는 가능보어(可能补语)에 대해 알아봅니다.
2 회화에서 많이 쓰는 가능보어 '动'·'下'·'了'에 대해 알아봅니다.

기본회화

Track 25

01

A: 老师讲的你都听得懂?

B: 百分之七十左右我能听懂。

02

A: 哎呀，累了，走不动了。

B: 累什么呀，快走吧。

03

A: 孩子，中秋节你回得来回不来?

B: 妈，我可能回不来。

04

A: 作业太多了，今天晚上怎么也做不完。

B: 那你开夜车就行了。

단어

讲 jiǎng 이야기하다, 설명하다 | 得 de 가능보어의 긍정형을 만들 때 쓰임 | 百分 bǎifēn 백분, 퍼센트 | 之 zhī ~의 | 动 dòng 움직이다 | 什么 shénme 뭐가, 뭐라고 (상대방의 말에 불만을 나타냄) | 中秋节 Zhōngqiū Jié 추석 | 回来 huílái 돌아오다 | 可能 kěnéng 아마도 ~일 것이다 | 作业 zuòyè 숙제 | 太…了 tài…le 너무 ~하다 | 怎么也 zěnmeyě 아무리 해도 | 开夜车 kāiyèchē (일이나 공부를 하느라) 밤새하다

상황 회화

Track 26

▸▸ 모처럼 중국어에 푹 빠진 李娜, 집에 놀러온 东东을 깜짝 놀라게 하는데…

东东　你在看中文节目呀？听得懂吗？

李娜　听不懂，可是看得懂。

东东　听不懂，为什么看呢？

李娜　我想练习听力，所以我在家的时候，经常一边看一边听。

东东　这么练习有进步吗？

李娜　嗯，我现在已经能听懂一点儿了。

东东　是吗？那明天开始我也试一试。

단어

在 zài ~하는 중이다 | 中文 zhōngwén 중국어, 중문 | 节目 jiémù 프로그램 | 看懂 kàndǒng 보고 이해하다 | 练习 liànxí 연습하다 | 听力 tīnglì 듣기 | 经常 jīngcháng 자주 | 进步 jìnbù 진보하다, 향상되다 | 已经 yǐjing 이미 | 听懂 tīngdǒng 듣고 이해하다 | 试 shì 시험하다

어법배우기

1 가능보어(可能补语)

가능보어란 술어 동사 뒤에서 동작이 어떠한 결과나 상황에 도달할 수 있는 가능성이 있는지 없는지를 보충 설명해주는 보어를 말합니다. 보통 결과보어나 방향보어 앞에 '得/不'를 써서 '긍정/부정형'을 만듭니다.

[기본 문형]

결과보어로 만드는 가능보어

吃得完 다 먹을 수 있다	吃不完 다 먹을 수 없다
看得清楚 분명히 보인다	看不清楚 잘 안 보인다

방향보어로 만드는 가능보어

上得去 올라갈 수 있다	上不去 올라갈 수 없다
走得过来 걸어서 건널 수 있다	走不过去 걸어서 건널 수 없다

[긍정형]

① 가능보어를 쓰는 문장에 목적어가 나오면 목적어를 가능보어 뒤에 놓습니다.

· 我听得懂老师讲的话。

② 목적어를 동사 술어나 주어 앞에 놓습니다.

· 你什么都做得出来。

· 这本书我一天看得完。

· 这么多东西，我一个人拿不了。

③ 가능보어를 쓰는 긍정문에는 조동사 '可以', '能'을 같이 쓸 수 있습니다. 이때 문장의 기본 의미는 변하지 않고 어기만 강조됩니다.

· 我可以吃得完。

· 下午五点以前他们能回得来。

[부정형]

· 请你大一点儿声，我听不清楚。

· 我太累了，走不动了。

· 我恐怕去不了了。

[의문형]

· A　: 今天晚上你回得来回不来?

B-1 : 我回得来。

B-2 : 我回不来。

· A　: 这个剧场能坐得下一千人吗?

B-1 : 能坐得下。

B-2 : 坐不下。

[많이 쓰이는 가능보어]

① 动

힘을 이용해 사람이나 사물을 이동시킬 때 씁니다.

· 我走不动了。

· 我们俩搬得动这张桌子。

② 下

어떤 장소에 공간이 충분해 일정한 수량의 사람이나 사물을 수용할 수 있음을 나타냅니다.

· 那个教室坐不下一百个人。

· 我们俩吃不下这么多菜。

③ 了

㉠ 어떤 동작을 진행할 능력이 된다는 것을 표현

㉡ 형용사의 가능보어가 되어 어떤 정도나 상황에 도달할 수 있음을 표현

㉢ '了' 에는 '完' 의 뜻이 들어 있습니다.

· 明天下午我来得了。

· 这件事儿没什么大不了。

· 修这辆车, 用不了一个小时。

HSK 听力

Track 27

두 사람의 대화를 듣고 질문에 맞는 답을 찾으세요.

1 Ⓐ　　　　Ⓑ

A 女的在开玩笑　　B 他吃得完
C 菜太多，他吃不完　　D 他想两个人一起吃

2 Ⓐ　　　　Ⓑ

A 她回得来　　B 她来得很晚
C 她回不来　　D 她很忙，所以不能来

3 Ⓐ　　　　Ⓑ

A 机场　　B 火车站　　C 汽车站　　D 学校

4 Ⓐ　　　　Ⓑ

A 他想两个人能拿　　B 他一个人拿得了
C 不知道　　D 东西太多，他一个人拿不了

5 Ⓐ　　　　Ⓑ

A 办公室很大　　B 人不多，坐得下
C 下午的会议在教室开　　D 办公室太小

HSK 口语

다음 문장을 읽고 대화를 완성하세요.

今天跟东东说好，下班后去喝啤酒。可是快五点的时候，李科长叫我去机场接客人。我不得不去一趟。在路上，我给东东打电话，让他先去酒吧等我。我想来得及。没想到，飞机晚点了一个小时。我送客人去饭店的时候，东东来电话说，他已经回家了。

(1) Ⓐ 说话人打算今天下班后干什么？

Ⓑ 说话人打算今天下班后 ________。

(2) Ⓐ 说话人让东东在哪儿等他？

Ⓑ 说话人让东东 ________。

(3) Ⓐ 飞机晚点多长时间了？

Ⓑ 飞机晚点了 ________。

(4) Ⓐ 说话人送客人去饭店的时候，东东在哪儿？

Ⓑ 说话人送客人去饭店的时候，东东 ________。

단어

接 jiē 마중하다 | 趟 tàng 차례, 번 | 酒吧 jiǔbā (서양식) 술집, 바

HSK 语法

다음 단어에 맞는 자리를 찾아 주세요.

(1) 能

这些菜 A 东东 B 一个人 C 吃得 D 完。

(2) 做

做作业太多了，今天 A 晚上 B 怎么 C 也 D 不了。

(3) 得

这本 A 书 B 我 C 一天看 D 完。

(4) 恐怕

A 我 B 去 C 不了 D 了。

다음 보기에서 알맞은 단어를 골라 빈칸에 넣으세요.

吃不了	听得懂	记得住	坐不下

(5) 这个办公室 ______ 五百人。

(6) 这么多的菜你一个人 ______。

(7) 这些生词我们都 ______。

(8) 老师讲的话你都 ______ 吗？

HSK 写作

다음을 중국어로 써 보세요.

1 선생님이 말씀하신 거 너 다 이해할 수 있어?

2 이렇게 많은 물건을 저 혼자서는 들 수 없습니다. **(拿不了)**

3 너무 피곤해서 못 걷겠어요. **(走不动)**

4 내일 오전에 나는 올 수 있습니다.

5 나는 다 먹을 수 있습니다. **(吃得完)**

6 이 책을 나는 하루면 다 볼 수 있다. **(看得完)**

7 그 교실엔 100명이 못 들어가요. **(坐不下)**

8 오늘 밤에 돌아올 수 있어요? / 못 돌아와요.

단어

看得完 kàndewán 다 볼 수 있다 | 坐不下 zuòbuxià 앉을 수 없다

개 돌보기

Track 28

叫狗了 jìagǒu le
개를 부르다

扑 pū
뛰어들다

抚摸 fǔmō
쓰다듬다

尾巴 wěiba
꼬리

狗食 gǒushí
사료, 개밥

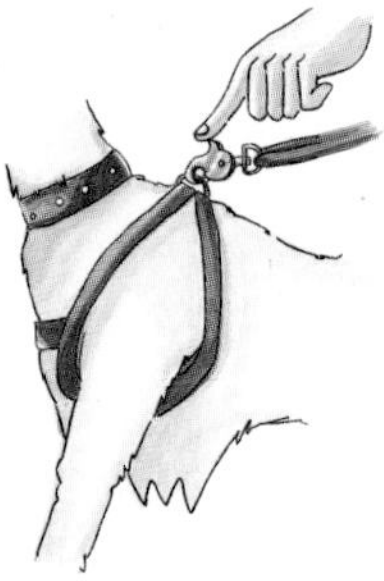

狗链 gǒuliàn
개 목걸이

宠物 chǒngwù
애완동물

PART

08

现在去来得及吧?

지금 가도 안 늦겠죠?

학습목표

일상회화에서 관용어처럼 쓰이는 가능보어에 대해 알아봅니다.

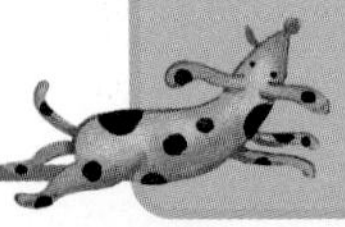

기본회화

Track 29

01

A: 火车三点开，现在去来得及吗？

B: 都两点了，现在去也来不及了。

02

A: 这个太贵了，我买不起。

B: 你买不起，那我给你买吧。

03

A: 今天怎么这么热，我真受不了。

B: 你是不是怕热？

04

A: 这件事用不着请别人帮忙。

B: 你自己能解决呀？

단어

火车 huǒchē 기차 | 开 kāi ❶ (차가) 출발하다 ❷ 열다 | 来得及 láidejí (어떤 동작을 하기에) 늦지 않았다 | 都…了 dōu…le 벌써 ~가 되었다 | 来不及 láibují (어떤 동작을 하기에) 늦었다 | 贵 guì 비싸다 | 买不起 mǎibuqǐ (돈이 없어)살 수 없다 | 受不了 shòubuliǎo 견딜 수 없다, 참을 수 없다 | 怕 pà 두렵다, 겁내다 | 用不着 yòngbuzháo 필요 없다 | 请 qǐng 초대하다, 초청하다 | 帮忙 bāngmáng 도와주다 | 解决 jiějué 해결하다

상황 회화

Track 30

▸▸ 李珉과 金小英이 주말여행을 떠나기로 했는데… 여전히 바쁜 金小英, 아직도 업무를 못 끝내고 있네요. 이들은 과연 기차를 탈 수 있을까요?

李珉　你快点儿好不好?

金小英　你急什么呀?

李珉　已经六点了，再晚，我们就赶不上车了。

金小英　你不是说七点半的火车吗?

李珉　哪儿啊，七点的火车!

金小英　是吗? 不好意思，我记错了，我马上就好了。

李珉　现在去来得及吧?

金小英　差不多吧。火车票呢?

李珉　在我这儿。

金小英　那行，快走吧!

단어

急 jí 급하다, 서두르다 | 赶不上 gǎnbushàng ❶ 따라잡을 수 없다 ❷ (차를) 탈 수 없다 | 哪儿啊 nǎr a 무슨 소리 | 不好意思 bùhǎoyìsi 미안합니다 | 记 jì 기억하다, 외우다, 기록하다 | 错 cuò 잘못되다, 틀리다 | 差不多 chàbuduō ❶ (정도 · 시간 · 거리 등이) 거의 비슷하다 ❷ (그럭저럭) 되다 | 票 piào 표 | 行 xíng 괜찮다

어법배우기

1 가능보어(可能补语) (2)

관용어처럼 쓰이는 가능보어에 대해 알아봅니다.

① 及

来得及 어떤 시간에 늦지 않다, ~할 시간이 되다

· 现在去还来得及。

来不及 늦다, 시간에 못 맞추다

· 时间晚了，来不及通知他了。

② 起

看不起 깔보다

· 他谁也看不起。

买不起 (돈이 없어서) 살 수 없다

· 这辆车太贵了，我买不起。

③ 了

免不了 피할 수 없다.

· 小孩子一块儿玩儿，吵架是免不了的。

少不了 없어서는 안 된다, 피할 수 없다

· 这次比赛少不了他。

受不了 참을 수 없다, 견딜 수 없다

· 今天的天气，真让人受不了。

④ 上

比不上 비교가 안 된다, 비교할 수 없다

· 他真有两下子，谁也比不上他。

跟不上 따라갈 수 없다, 비교할 수 없다

· 他走得快，我跟不上。

说不上 단언할 수 없다, ~라고 할 정도는 아니다

· 大家随便吃点儿，说不上请客。

⑤ 死

吃不死 먹어도 안 죽는다

· 你吃吧，反正吃不死人。

喝不死 마셔도 안 죽는다

· 喝吧喝吧，喝不死人的。

⑥ 着

用不着 ~까지는 필요 없다

· 外边不冷，用不着穿大衣。

用得着 필요하다, 쓸모 있다

· 留着吧，到时候用得着。

2 결과보어· 가능보어· 정도보어 비교

	结果补语	可能补语	程度补语
긍정형	看清楚	看得清楚	看得很清楚
부정형	没看清楚	看不清楚	看得不清楚
반복의문문	看(清楚)没看清楚?	看得清楚看不清楚?	看得清楚不清楚?
목적어 동반	看清楚那些字	看得清楚那些字	看那些字看得很清楚
부사어 동반			看得非常清楚
보어 동반			看得清楚极了

단어

比赛 bǐsài 시합하다 | 随便 suíbiàn 마음대로 하다 | 大衣 dàyī 외투

Track 31

두 사람의 대화를 듣고 질문에 맞는 답을 찾으세요.

1 Ⓐ Ⓑ

A 来不了　　B 来得及
C 现在去来不及　　D 现在去得太晚了

2 Ⓐ Ⓑ

A 这是葡萄酒　　B 让女的喝酒
C 喝酒不会死　　D 葡萄酒不是酒

3 Ⓐ Ⓑ

A 她怕去旅行　　B 可能不能去
C 不想跟他去　　D 不想去旅行

4 Ⓐ Ⓑ

A 他希望胖　　B 他很怕冷　　C 他很怕热　　D 他喜欢热

5 Ⓐ Ⓑ

A 现在去也不能上车　　B 现在去不能回来
C 他来得太晚了　　D 他现在来不了

HSK 口语

다음 문장을 읽고 대화를 완성하세요.

下星期我就要回国了。这次回去不知什么时候能再来。我在北京的时间里，你们对我很好，帮了我不少忙，我非常感谢你们。李娜和东东经常腻在一起，真让我们受不了，但我还是羡慕你们。王新那么爱学习，以后能不能在电视里看到你呀？小英那么爱打扮，我怕你冻死。哈哈，这些话，都是说着玩儿的，你们可别当真了。来，大家干一杯吧！

(1) Ⓐ 说话人什么时候回国？
　　Ⓑ 说话人 ______。

(2) Ⓐ 李娜和东东是什么关系？
　　Ⓑ 李娜和东东是 ______。

(3) Ⓐ 像王新这样的人叫什么？
　　Ⓑ 像王新这样的人叫 ______。

(4) Ⓐ “说着玩儿”是什么意思？
　　Ⓑ “说着玩儿”是 ______ 的意思。

단어

感谢 gǎnxiè 감사하다 | 腻 nì ❶ 느끼하다 ❷ 달라붙어 있다 | 羡慕 xiànmù 부러워하다 | 打扮 dǎbǎn 단장하다, 꾸미다 | 冻死 dòngsǐ 얼어 죽다

HSK 语法

다음 단어에 맞는 자리를 찾아 주세요.

(1) 就

A 不 B 是 C 个 D 葡萄酒嘛。

(2) 了

这次 A 比赛 B 少 C 不 D 他。

(3) 还

A 我们 B 现在 C 去 D 来得及。

(4) 穿

外边 A 不 B 冷， C 用不着 D 大衣。

다음 보기에서 알맞은 단어를 골라 빈칸에 넣으세요.

来得及	买不起	免不了	说不上

(5) 两个人谈恋爱吵架是 ______ 的。

(6) 我还没 ______ 考虑结婚。

(7) 如果你 ______， 我给你买吧。

(8) 他们俩的关系 ______ 很好。

HSK 写作

다음을 중국어로 써 보세요.

1 이거 너무 비싸서, 나는 못 사겠어.

2 오늘 왜 이렇게 더운 거야? 정말 못 견디겠어. **(受不了)**

3 이거 마셔도 안 죽어. 기껏해야 포도주밖에 더 되니?

4 다른 사람한테 도와달랠 것까진 없어. **(帮忙)**

5 이런 일은 피할 수 없다。(꼭 있게 마련이다) **(免不了)**

6 그 사람은 누구라도 무시해.

7 오늘 표 사기는 틀렸다. **(来不及)**

8 지금 가도 안 늦어. **(来得及)**

단어

受不了 shòubuliǎo 견딜 수 없다 | 帮忙 bāngmáng 일을 돕다, 도움 | 免不着 miǎnbuliǎo 피할 수 없다

Travel in Macau

마카오는 어떤 곳일까?

홍콩과 이웃한 마카오는 원래 중국 광둥의 샹산(香山)에 속했었는데, 포르투갈에 의해 점령되었다가 1999년에 중국으로 반환되었다. 마카오는 땅이 비좁은 반면 인구 밀도가 매우 높으며, 아직도 중국 표준어보다 광둥어와 포르투갈어의 사용 빈도가 높은 편이다. 포르투갈 점령 시절에 세워진 아름다운 지중해풍 건물과 중국식 유적이 한곳에 모여 있어 다채로운 느낌을 주며, 삼면이 바다로 둘러싸여 경치도 아름답다. 사계절 따뜻하고 쾌적한 해양성 기후라서 일 년 내내 여행하기 좋다.

작디작은 마카오에 많은 것이 3가지 있다. 첫째는 110 군데에 이르는 호텔로, 연평균 300만 명이 투숙한다. 둘째는 사원으로, 총 60여 곳이 있는데 쿤얌통(观音堂), 린퐁미우(莲峰庙), 마콕미우(妈阁庙) 등 3곳이 가장 크고 오래되었다. 셋째, 와인 박물관이나 그랑프리 박물관같이 작지만 특색 있는 박물관들이 많아서 아기자기한 문화 관광에 제격이다.

▲ 그랑프리 박물관

도박업은 마카오 경제의 중요한 기둥으로, 유명한 카지노인 리스보아 호텔(葡京大酒店)은 마카오의 상징적 건물이다. 또한 매년 11월이면 동양 최대의 모터 스포츠 행사인 마카오 그랑프리를 보기 위해 전세계 카레이스 팬들이 몰려들기도 한다.

마카오의 볼거리

세나도 광장 (议事亭前地, Largo do Senado Square)

시의회 건물인 릴 세나도(市政厅, Leal Senado) 앞에는 3,700m² 면적의 세나도 광장이 있다. 이 광장은 예쁜 파스텔톤의 포르투갈식 건물들로 둘러싸여 있고, 노면은 포르투갈에서 돌을 가져다가 설계한 물결 모양의 모자이크 타일로 포장되어 있다. 이 물결 무늬의 길은 릴 세나도가 있는 주 도로에서 유명한 성 바울 성당까지 이어져 있다. 양옆에 늘어선 전통 포르투갈 양식의 건물들 사이를 걷다 보면 마치 지중해 연안의 어느 도시에 와 있는 듯한 착각에 빠지게 된다. 세나도 광장이 시작되는 초입의 분수대는 약속 장소로도 애용되고 아이들의 장난감 자동차 경주장으로도 이용된다.

▼ 세나도 광장

성 바울 성당 유적(圣保禄教堂, Ruins Of St. Paul)

성 바울 성당은 17세기 초 이탈리아 예수회 선교사들에 의해 설계되었고, 종교 박해를 피해 나가사키에서 피난 온 일본인들에 의해 건축된 것으로 알려져 있다. 1835년 화재로 건물 정면과 계단, 일부 벽 및 지하실을 제외하고는 모두 소실되었는데, 남아 있는 벽면의 모양이 마치 중국 전통의 장식용 문인 패방(牌坊) 같다고 해서 광둥어로는 타이삼파 파이퐁(大三巴牌坊)이라 부르기도 한다.

이 성당은 질좋은 화강암으로 지어진 건물로서, 30여 개의 고대 그리스식 원형 돌기둥으로 구성되었고, 벽면의 조각상이 다양하고 매우 정교하며 서양 예술의 정취를 듬뿍 지니고 있다. 벽면을 감상하기에 가장 좋은 시간은 석양이 질 무렵이다. 왜냐하면 햇빛이 뚜렷하게 부조의 세밀한 부분까지 윤곽을 드러내 주기 때문이다.

벽면 뒤쪽의 성 바울 성당 지하에는 17세기의 종교 예술품, 순은 세공 십자가상 등이 소장되어 있는 천주교 박물관이 있다.

▲ 성 바울 성당 유적

기아 요새(东望洋山, Guia Fortress)

마카오 동쪽에 우뚝 솟아 있는 기아 요새는 충산(松山)이라고도 부르며, 산 정상에 오르면 바다가 멀리 내다보인다. 산 꼭대기의 새하얀 등대는 중국 해안에서 가장 오래된 등대로, 포루투갈인에 의해 1865년에 세워졌으며, 지금은 관광지가 되었다.

등대 옆에는 1626년에 지어진 성당(圣母雪地殿教堂, Chapel of Our Lady of Guia)이 있는데, 포르투갈 수도원의 특징을 고스란히 지닌 모습이 눈길을 끈다.

▲ 기아 요새의 성당과 등대

카지노(Casino)

마카오에는 총 9개의 카지노가 마카오 정부의 감독하에 운영되고 있다. 그 중 가장 규모가 큰 것은 리스보아 호텔 카지노(葡京娱乐城, Casino Lisboa)로 일반인용 3개 층과 VIP용 특실을 갖추고 있다. 이 카지노는 외관이 거대한 새장을 닮았기 때문에, 사람들은 그 속에 들어가기만 하면 날개가 있어도 달아나지 못하는 처지가 된다고들 한다.

마카오 팰리스(澳门皇宫娱乐场, Casino Macau Palace)는 외항에 정박한 선상 카지노로서 독특한 분위기를 자아낸다.

일반적으로 관광객은 18세 이상, 마카오인은 21세 이상이어야 카지노에 입장할 수 있으며, 걸 수 있는 한도액은 게임에 따라 다르고 돈을 따면 보통 10%를 공제한 금액을 지급한다. 카지노의 공식 통용 화폐는 홍콩달러다.

단계별 학습 프로그램 추천 교재

Happy Chinese

최고를 향해 한 발 한 발 나아가는 절대커리큘럼

중국어교실 시리즈

	종합		회화
초급	 Happy Chinese 중국어교실 초급 1~6 각권 1개월씩 총 6개월 과정	 Happy Chinese 중국어교실 초급 上·中·下(초급1~6의 합본) 각권 2개월씩 총 6개월 과정	 Happy Chinese 중국어교실 회화편 초급 2개월 과정
중급	 Happy Chinese 중국어교실 중급 1~4 각권 1개월씩 총 4개월 과정	 Happy Chinese 중국어교실 중급 上·下(중급1~4의 합본) 각권 2개월씩 총 4개월 과정	 Happy Chinese 중국어교실 회화편 중급 2개월 과정
고급	 Happy Chinese 중국어교실 고급 1~2 각권 1개월씩 총 2개월 과정		